어린이를 위한
우리말 어감 사전

어린이를 위한
우리말 어감 사전

지은이 안상순
펴낸이 정규도
펴낸곳 (주)다락원

초판 1쇄 발행 2022년 2월 25일
3쇄 발행 2024년 1월 23일

편집총괄 최운선
책임편집 김유리, 김가람
디자인 지완
일러스트 최정미

다락원 경기도 파주시 문발로 211
내용문의 (02) 736-2031 내선 270
구입문의 (02) 736-2031 내선 250~252
Fax (02) 732-2037

출판등록 1977년 9월 16일 제406-2008-000007호

Copyright ⓒ 2022, 안상순

저자 및 출판사의 허락 없이 이 책의 일부 또는 전부를 무단 복제·전재·발췌할 수 없습니다. 구입 후 철회는 회사 내규에 부합하는 경우에 가능하므로 구입문의처에 문의하시기 바랍니다. 분실·파손 등에 따른 소비자 피해에 대해서는 공정거래위원회에서 고시한 소비자 분쟁 해결 기준에 따라 보상 가능합니다. 잘못된 책은 바꿔 드립니다.

ISBN 978-89-277-4775-8 (73710)

http://www.darakwon.co.kr
다락원 홈페이지를 통해 인터넷 주문을 하시면 자세한 정보와 함께 다양한 혜택을 받으실 수 있습니다.

  다락원 유아 어린이 블로그에 놀러 오세요.

말의 속뜻을 잘 이해하고
표현하는 법!

어린이를 위한
우리말 어감 사전

안상순 글 · 최정미 그림

다락원

여는 말

    분명 익숙하고 쉬운 단어들인데, 두 단어의 차이점이 무엇이냐고 물으면 망설여진 적이 있나요? 누군가 여러분에게 "헤엄이랑 수영이랑 뭐가 달라?"라고 묻는다면, 두 단어가 같지 않다는 걸 알면서도 분명하게 대답하기는 어려울 거예요. 말의 느낌과 맛, 즉 '어감'의 차이는 정확하게 알지 않으면 설명하기가 어렵기 때문이에요.

    이렇게 헤엄과 수영처럼 의미는 비슷하나 어감은 다른 말, 그래서 때로 쓰임도 다른 말을 '유의어'라고 해요. 그야말로 미묘한 차이를 가진 말이에요. 서로 무엇이 같고 다른지 명확하게 말하기 어렵기 때문에 무의식중에는 구별해 쓰다가도 갑자기 설명하라고 하면 헷갈릴 때가 많아요. 심지어 유의어는 '뜻이 같음'을 의미하는 동의어와 확실히 다른 개념인데, 우리는 흔히 유의어를 동의어처럼 사용할 때가 있어요. 놀랍게도 국어사전에서조차 유의어를 동의어라고 설명할 때가 있거든요.

『어린이를 위한 우리말 어감 사전』에는 이렇게 어감, 뉘앙스, 미묘한 뜻이 다른 비슷한 단어들의 의미를 좀 더 섬세하게 밝히고 싶어 하신 안상순 선생님의 깊은 뜻이 담겨 있어요. 30년 넘게 사전을 만드신 안상순 선생님께서는 사전을 만들면서도 미처 돌아보지 못한 우리말 유의어의 세계를 들여다보고 싶어 하셨어요. 그러한 마음에서 어른들을 위한 『우리말 어감사전』(2021, 유유)을 만드셨지요. 이 책을 바탕으로, 한참 국어 공부의 기초를 쌓고 있는 우리 어린이들을 위한 『어린이를 위한 우리말 어감 사전』이 만들어지게 되었어요.

우리말을 사랑하신 안상순 선생님의 뜻과 마음을 기억하며 어린이 친구들이 어감의 차이를 익힐 수 있었으면 좋겠어요. 또, 나의 말을 사랑하고 아끼는 사람이 되었으면 좋겠어요. 여러분의 눈높이에 맞추어 쉽고 재미있게 어감의 차이를 설명해 줄 친구들이 기다리고 있어요. 바로 어감초등학교 4학년 2반 친구들인 우니, 쁘니, 둥이, 랑이, 르미예요. 어서 만나 보고 싶지 않나요? 다섯 명의 친구들과 함께 떠나는 어감 여행, 지금부터 시작해 보아요!

안상순 선생님을 대신하여 전합니다.
편집자 김유리

차례

1장 ㄱ

가면과 복면 • 14
간섭과 참견 • 16
감사하다와 고맙다 • 18
감정과 정서 • 20
거만과 오만 • 22
걱정과 근심 • 24
겸손과 겸허 • 26
경험과 체험 • 28
고독과 외로움 • 30
공부와 학습 • 32
공중과 허공 • 34
공허하다와 허전하다 • 36
구별과 구분 • 38
기구와 도구 • 40
기억과 추억 • 42

2장 ㄴ~ㅅ

노동과 일 • 46
도덕과 윤리 • 48
동감과 공감 • 50
마술과 마법 • 52
만발과 만개 • 54
모습과 모양 • 56
몰입과 몰두 • 58
무식과 무지 • 60
문명과 문화 • 62
물건과 물체 • 64

3장 ㅇ~ㅎ

여행과 관광 • 86
예의와 예절 • 88
이유와 원인 • 90
자존심과 자존감 • 92
전쟁과 전투 • 94
정열과 열정 • 96
정적과 적막 • 98
존경과 존중 • 100
책과 도서 • 102
체념과 단념 • 104
촉감과 감촉 • 106
편견과 선입견 • 108
햇빛과 햇살 • 110
행동과 행위 • 112
행복과 복 • 114
헤엄과 수영 • 116

발달과 발전 • 66
불법과 범법 • 68
사실과 진실 • 70
상상과 공상 • 72
세상과 세계 • 74
속담과 격언 • 76
솔직과 정직 • 78
시기와 질투 • 80
실패와 실수 • 82

찾아보기 • 118

이 책은 이렇게 활용해 보세요!

미묘하게 뜻이 다른 비슷한 단어들의 의미를
좀 더 섬세하게 정리해 보았어요.

대표 단어

말맛, 속뜻, 뉘앙스가 미묘하게
다른 단어들을 배치했어요.

만화

각 단어의 쓰임을 쉽게 이해하
도록 도와주는 재미있는 만화
예요. 어감초등학교 친구들과
함께해요.

한 끗 차이 — 얼굴을 묘사하여 만들어졌는가?

- **가면** | 가면은 얼굴을 묘사하여 만든 것으로, 특정한 표정과 인상이 나타나요. 주로 축제나 무도회에서 사용하며, 이 밖에도 아주 다양한 목적으로 사용돼요.
  - 예) 가면무도회에 가 본 적 있니?

- **복면** | 복면은 얼굴을 가리는 데 사용되는 물건일 뿐 별개의 형상물은 아니에요. 벗는 순간 그냥 천 조각이 되지요. '복면강도'나 '복면자객' 등 주로 법이 금지하는 일을 행할 때 사용해요.
  - 예) 물건을 훔치던 복면강도가 경찰에 붙잡혔다고 해요.

더 알아보기 — 가면의 또 다른 뜻!

가면은 비유적으로 '겉으로 내세우는 거짓 모습'을 뜻하기도 해요. "친절한 척, 착한 척 가면을 쓰고 행동한다."에서처럼 본심과 다른 가식적이고 위선적인 모습을 뜻할 때가 있지요. 반면 복면은 이런 뜻을 가질 수 없어요.

한 끗 차이

비슷한 두 단어의 차이점을 간단하게 '한 끗 차이'로 설명했어요. 각 단어의 속뜻을 깨칠 수 있어요.

더 알아보기

알아 두면 좋은 내용을 추가로 넣었어요.

※ 알립니다! ※

- 이 책에서는 기본적으로 뜻과 쓰임에 공통점과 차이점이 있는 단어들을 모아서 비교·대조했습니다.
- 유의어인 두 단어 사이의 배열은 포괄하는 개념이 더 넓은 단어 혹은 더 흔히 쓰이는 단어가 앞에 오도록 하는 것을 원칙으로 했습니다.
  (단, '노동과 일'의 경우 가나다순을 고려하여 예외적으로 '노동'이 앞에 오도록 배치했으나, 본래 의도대로 배치하면 '일과 노동'이 알맞음을 알려 드립니다.)

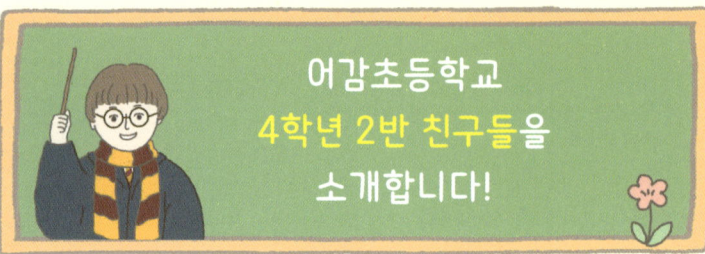

어감초등학교
4학년 2반 친구들을
소개합니다!

(고)우니

빛나는 똑똑이

모두들 반가워, 난 우니라고 해.^^
4학년 2반의 반장이자,
전교 1등이야. 하하하!

(예)쁘니

예쁜 인기쟁이

안녕? 난 인기쟁이 쁘니야.
무대에서 춤추고 노래하는
아이돌이 되는 게 내 꿈이야.

겜돌이 장난꾸러기

나를 소개하지.

난 재간둥이 둥쓰~! 우니와 베프지만

난 공부보단 게임이 훨~씬 좋아! 메롱!

순진무구 사랑꾼

내 성은 '사', 이름은 '랑이'야. 사랑이 가득해.

남몰래(?) 쁘니를 좋아하고 있어.

근데 애들이 다 아는 건 안 비밀. 헤헤….

까칠한 귀요미

흥, 내 이름은 르미.

친구들에게 가끔 까칠하지만

속마음은 여리다고!

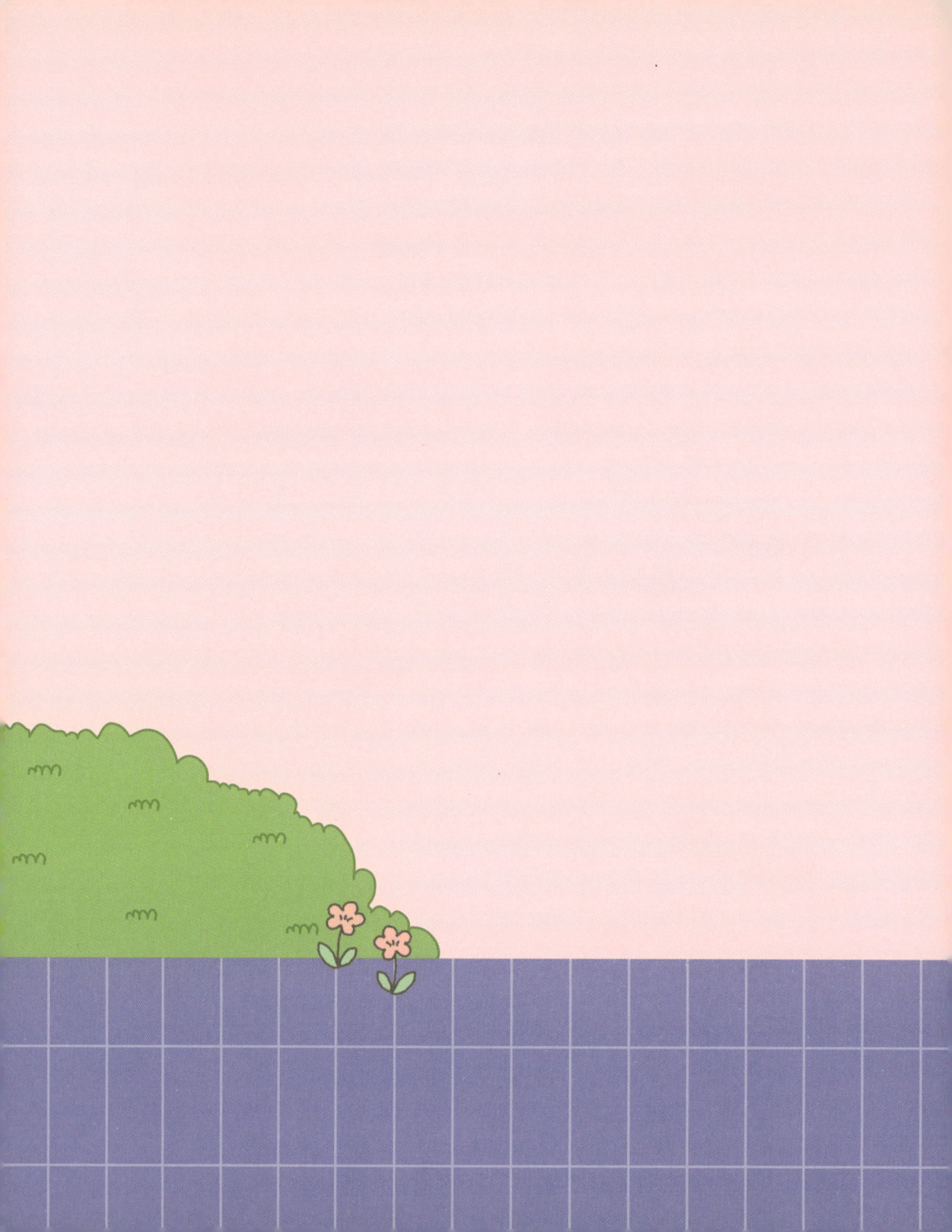

1장 ㄱ

가면과 복면
간섭과 참견
감사하다와 고맙다
감정과 정서
거만과 오만
걱정과 근심
겸손과 겸허
경험과 체험
고독과 외로움
공부와 학습
공중과 허공
공허하다와 허전하다
구별과 구분
기구와 도구
기억과 추억

정체를 숨겨라!
가면과 복면

가면과 복면은 모두 자신의 정체를 숨기기 위한 물건이에요.
특히 얼굴을 감추기 위한 물건으로 사용돼요.

한 끗 차이 — 얼굴을 묘사하여 만들어졌는가?

- **가면** | 가면은 얼굴을 묘사하여 만든 것으로, 특정한 표정과 인상이 나타나요. 주로 축제나 무도회에서 사용하며, 이 밖에도 아주 다양한 목적으로 사용돼요.
  - 예) 가면무도회에 가 본 적 있니?

- **복면** | 복면은 얼굴을 가리는 데 사용되는 물건일 뿐 별개의 형상물은 아니에요. 벗는 순간 그냥 천 조각이 되지요. '복면강도'나 '복면자객' 등 주로 법이 금지하는 일을 행할 때 사용해요.
  - 예) 물건을 훔치던 복면강도가 경찰에 붙잡혔다고 해요.

더 알아보기 — 가면의 또 다른 뜻!

가면은 비유적으로 '겉으로 내세우는 거짓 모습'을 뜻하기도 해요. "친절한 척, 착한 척 가면을 쓰고 행동한다."에서처럼 본심과 다른 가식적이고 위선적인 모습을 뜻할 때가 있지요. 반면 복면은 이런 뜻을 가질 수 없어요.

(닭 다리 좋아하면서 착한 척 가면 쓰기는!)
(쁘니야, 난 닭 다리 별로야. 너 많이 먹어!)

내 일에 끼어들지 마!
간섭과 참견

간섭과 참견은 다른 사람의 일에 끼어드는 것을 뜻해요.
괜히 부당하게 상관없는 일에 개입하는 거지요.

한 끗 차이 — 영향력이 있는가, 없는가?

- **간섭** | 간섭은 상대보다 높은 위치에서 상대방에게 영향력을 행사하려는 것을 뜻해요. 자기주장대로 상대방이 행동하기를 원하는 의지가 강하지요. 여기에는 상대가 미숙하거나 올바르지 않다는 생각이 깔려 있어요.
  - 예) 부모의 간섭은 아이를 망칠 수 있어요.

- **참견** | 참견은 별다른 영향력 없이 그냥 상대의 일에 끼어드는 것을 뜻해요. 자기주장대로 상대방이 행동하기를 원하는 의지가 약해요.
  - 예) 내가 그렇다는데 네가 웬 참견이니!

더 알아보기

또 다른 차이점! 개인 vs 집단

참견은 주로 개인 간에 이루어지지만, 간섭은 개인뿐 아니라 집단 사이에서도 이루어져요. 한 국가가 다른 국가에 영향력을 미치는 것은 간섭이라 하지 참견이라 하지 않아요.

도와주셔서 너무 기뻐요!
감사하다와 고맙다

'감사하다'와 '고맙다'는 남의 도움이나 배려에 기쁨을 느끼거나 보답하고 싶은 마음을 나타낼 때 쓰는 말이에요.

한 끗 차이 — 형용사로 쓰이는가, 동사로 쓰이는가?

- **감사하다** | 감사하다는 <u>동사</u>와 <u>형용사</u>로 모두 쓰일 수 있어요. 다만, 형용사로 쓰일 때 본인보다 어린 사람 혹은 또래를 대상으로 사용하기는 어려워요.

  예) 나를 믿어 주신 부모님께 정말 <u>감사했어</u>. (동사)
  제 발표를 끝까지 들어 주셔서 <u>감사합니다</u>! (형용사)

- **고맙다** | 고맙다는 <u>형용사</u>로만 쓰여요. 단, '-어하다'가 붙어 '고마워하다'가 되면 동사로 쓸 수 있어요.

  예) 오늘도 나를 도와줘서 정말 <u>고마워</u>! (형용사)

더 알아보기 — '고맙다'의 기원

그는 우리에게 참 <u>고마운</u> 분이다.

이 문장에서 '고마운'은 자연스럽지만 '감사한'은 자연스럽지 못해요. 우리가 평소에 사용할 때도 '감사한 분, 감사한 친구'보다 '고마운 분, 고마운 친구'가 더 자연스럽지요. 이런 현상은 '고맙다'의 기원과 관련이 있는 것으로 보여요.
'고맙다'는 옛말 '고마ㅎ다'에 형용사를 만드는 접사 '-ㅂ-'이 결합하여 생긴 말이에요. '고마ㅎ다'는 '존경하다, 높이 여기다'를 뜻하므로 '고맙다'는 '존경스럽다, 높이 여길 만하다'는 뜻을 기원적으로 가지고 있어요. 따라서 '고마운 분'은 '존경스러운 분, 높이 여길 만한 분'이라는 의미가 바탕에 깔려 있다고 할 수 있지요.

무언가를 느끼다!
감정과 정서

감정과 정서는 심리적 반응을 뜻해요.
기쁨, 노여움, 슬픔, 즐거움, 사랑, 미움, 행복감 등이 대표적이지요.

한 끗 차이 — 일시적인가, 지속적인가?

- **감정** | 감정은 순간적으로 일어나는 <u>일시적</u> 심리 현상이에요. 우리를 행복하게도 하고, 불행에 빠뜨리기도 하지요. 격해지기도 하고 분출되기도 하며, 억누를 수도 있고 가라앉힐 수도 있어요.
  - 예) 순간적인 <u>감정</u>에 휘둘리지 마.

- **정서** | 정서는 <u>오랜 시간 지속</u>하는 기질적인 심리나 성향이라고 할 수 있어요.
  - 예) 그 아이는 늘 <u>정서</u>가 불안해.

더 알아보기 — 감성은 뭔가요?

감성은 어떤 자극에 반응하여 마음에 느낌을 일으키는 성질이나 능력을 뜻하는 말이에요. 창조적으로 발휘되거나 섬세한 마음에서부터 발현되는 것을 의미하지요. '감성이 풍부한 사람'은 주위 사물을 섬세하게 느끼고 잘 표현할 줄 아는 사람을 가리켜요.

내가 제일 잘나가!
거만과 오만

거만과 오만은 우월감 때문에 나타나는 현상이에요. 자신이 남보다 잘났다고 생각하는 순간, 사람들은 쉽게 자아도취에 사로잡혀요. 그럴 때 어김없이 나타나는 징후가 거만과 오만이에요.

한 끗 차이 — 어디에 강조점이 있는가?

- **거만** | 거만은 <u>겉으로 드러난 행동</u>에 강조점이 있어요. 표정이나 몸짓 등에서 쉽게 읽을 수 있지요. 있는 척하면서 어깨에 힘을 주거나 턱을 들고 상대를 내려다보거나 남 앞에서 의자에 몸을 눕히듯 젖혀 앉는 등의 행동을 할 때 '거만을 떤다'라고 해요.
  - 예) 상철이는 소파에 <u>거만</u>하게 다리를 꼬고 앉아 우리에게 명령했어요.

- **오만** | 오만은 행동할 때의 <u>심리적 태도</u>에 초점이 있어요. 자신이 남보다 잘났다는 생각이 이미 마음속에 자리 잡고 있는 상태나 그런 심리가 행동으로 나타난 것을 가리켜요. 오만한 사람은 남의 말을 잘 듣지 않고 자기 생각만 고집하며 지나친 자기 확신에 빠져요.
  - 예) 민아는 세상이 자기중심으로 돌아간다는 <u>오만</u>에 빠져 있어.

더 알아보기 — 교만은 뭔가요?

교만은 자기 자신의 부족함을 깨닫지 못하고 스스로를 대단하다거나 훌륭하다고 여기는 상태를 뜻해요. 거만이나 오만은 밖으로 드러난 행동으로 판단이 가능하지만, 교만은 내면을 들여다보아야만 판단이 가능해요. 겉으로 거의 드러나지 않지요. 겉으로는 겸손해도 속으로는 교만할 수 있어요. 나중에 자신이 부족하다는 것을 깨달을 때 비로소 "내가 너무 교만했었구나." 하고 반성할 수 있어요.

미래에 대한 불안과 두려움
걱정과 근심

걱정과 근심은 편치 않은 마음이나 불안한 마음을 가지는 것을 뜻해요. 미래에 무슨 일이 일어날지 아무도 알 수 없기 때문에 생기는 마음이지요.

ㄱ

둥이야, 무슨 일 있어? 잠을 못 잤어?

어제 몰래 학원 안 간 걸 엄마한테 걸릴까 봐 너무 걱정이야.ㅠㅠ

다음 날

뭐야, 아직 해결이 안 돼서 근심이 더 커졌나 보네?!

드디어 사실대로 말했어! 혼은 났지만 맘이 편하다!!

다음 날

잘됐다! 이제 다시는 몰래 빠지지 마~

한 끗 차이 — 왜 괴로워하는가?

- **걱정** | 좋지 않은 일이 일어날까 봐 편치 않은 마음을 가지는 것으로, 어느 경우든 두루 쓸 수 있어요. 말을 할 때나 글을 쓸 때 모두 많이 쓰여요.
  - 예) 우리 애는 공부를 너무 안 해서 나중에 뭐가 될지 걱정이에요.

- **근심** | 해결되지 않는 일 때문에 괴로워하거나 속앓이하는 것을 뜻해요. 상대적으로 심각한 경우에 쓰이며, 주로 글에서 쓰여요.
  - 예) 희진이와 싸운 후 근심이 많아졌어요.

더 알아보기 — 염려는 뭔가요?

주로 말할 때 쓰이는 염려는 '잘못되지 않을까 마음을 쓰는 것'이라는 의미예요. 상대적으로 문제가 덜 심각한 경우에 쓰여요.

　　그에게는 오래전부터 남모르는 심각한 근심이/걱정이/염려가(×) 있었다.

위 예문처럼, 어떤 문제를 쉽사리 해결하지 못하고 오랫동안 끙끙 앓는 것은 근심이나 걱정일 수는 있어도 염려이기는 어려워요. 염려는 고민의 강도가 비교적 가볍기 때문이에요. 그래서 염려는 "별일 없을 테니 염려 마세요."와 같이 관심을 가지거나 마음을 쓸 때 주로 쓰여요.

제가 잘생긴 편은 아니죠….
겸손과 겸허

겸손과 겸허는 자기를 낮추는 태도를 나타내는 단어예요.

한 끗 차이 — 대인 관계와 내면, 어디에 초점을 두는가?

- **겸손** | 겸손은 남 앞에서 자신을 내세우지 않고 낮추거나 다른 사람을 높이는 태도를 가리켜요. 대인 관계에서의 태도에 초점이 있는 거지요. 예를 들어, 본인의 피나는 노력 끝에 크게 성공한 아이돌 가수가 인터뷰에서 "저는 아무것도 한 게 없어요. 팬들과 주변 분들이 노력해 주신 결과일 뿐이에요."라고 말한다면 그는 겸손하다고 할 수 있어요.
  - 예) 회장님은 사람들 앞에서 늘 겸손하셔.

- **겸허** | 겸허는 자신이 늘 옳을 수는 없음을, 또는 자신에게도 잘못이나 부족함이 있음을 성찰하는 태도를 가리켜요. 즉, 내면적 자기 성찰의 태도에 초점이 있는 거예요.
  - 예) 스스로 자신을 성찰하는 겸허한 태도를 지녀야 해.

더 알아보기 — 겸양은 뭔가요?

'겸손', '겸허'와 비슷한 말로 '겸양'이라는 단어가 있어요. 자기 뜻을 굽히고 남에게 어떤 일을 양보하는 것을 가리켜요. '겸손하다'와 '겸허하다'는 형용사지만, '겸양하다'는 동사로 쓰인답니다.
- 예) 무엇인가를 결정하기 위해서는 서로가 한발 양보하는 겸양의 자세가 필요해.

너, 이거 해 봤어?!
경험과 체험

경험과 체험 모두 어떤 일을 해 보거나 겪는 것을 가리켜요.

한 끗 차이 — 일상적인 일인가, 비일상적인 일인가?

- **경험** | 어떤 일을 해 보거나 겪는 것, 또는 거기에서 얻은 지식이나 깨달음을 가리켜요. 예를 들어 '연애 경험'은 연애를 일정 기간 겪어 본 일이나 그로 인해 얻게 된 깨달음이에요. 대체로 어떤 일을 <u>일정 기간 지속하거나 여러 번 반복하여 겪는 것</u>을 가리키지요. 물론 단 한 번 겪은 일을 의미하는 경우도 있어요. 이때의 '경험'은 주로 특별히 기억에 남아 있는 경우예요. '평생 잊을 수 없는 짜릿한 경험'처럼요.
  - 예) 지수는 낚시해 본 경험이 많대.

- **체험** | 어떤 일을 했을 때, 그 일이 <u>비일상적이고 이색적이면서 의도적으로 기획</u>되었을 때 '체험'이란 단어를 사용해요. '농촌 체험', '갯벌 체험'처럼 대체로 비일상적이고 일회적인 경우에 사용하지요.
  - 예) 방학을 이용해서 농촌 체험을 했어!

더 알아보기 — 더 생생한 어감, 체험

우리 증조할아버지는 전쟁을 경험한/체험한 세대예요.

위 문장에서 쓰인 체험과 경험의 근본적인 의미 차이를 발견하기는 힘들어요. 다만 체험은 경험보다 더 직접적이거나 강렬하고 생생한 어감을 가져요. '몸소 겪은 경험' 또는 '강렬하고 생생한 경험'이 체험이거든요.

다들 즐거워 보이네…. 아~ 쓸쓸해!
고독과 외로움

고독과 외로움은 혼자일 때 느끼는 쓸쓸한 감정이에요. 아무도 없이 혼자 동떨어져 있는 상태, 또는 의지하거나 마음을 나눌 누군가가 곁에 있기를 바라는 상태지요.

한 끗 차이 어떤 대상에게 쓰이는가?

- **고독** | 고독은 <u>어린이를 제외한 인간</u>에 관해서만 쓸 수 있어요. 또한 '혼자 있음', '쓸쓸함'에 더해 '자발적 고립'의 요소까지 포함하고 있어요. '자발적 고립'이란 자기 의지로 홀로 있음을 선택한 것을 뜻해요.

  예 예술가는 운명적으로 <u>고독</u>하다고 해.

- **외로움** | <u>어린이를 포함한 모든 인간</u>부터 나무와 돌처럼 아무런 감정도 느끼지 못하는 <u>생물</u>에게까지 쓸 수 있는 말이에요. 대체로 '혼자 있음', '쓸쓸함'의 의미만 충족되면 두루 쓰여요.

  예 7살 된 기영이는 유치원에 친구가 없어서 <u>외로움</u>을 느낀대.

더 알아보기 말인가, 글인가!

'외롭다'는 주로 말로 표현하고, '고독하다'는 주로 글로 표현해요. 친한 친구와 대화할 때, "나 너무 외로워!"라고는 말하지만, "나 너무 고독해!"라고는 잘 말하지 않죠? '고독하다'는 "그의 삶은 화려했지만 늘 고독했다."와 같이 글말로 쓰일 때 더 자연스럽답니다.

그냥 하기가 싫어!
공부와 학습

공부와 학습은 본질적으로 어떠한 지식 등을 배우거나 알아 가는 것을 뜻해요. 앎에 대한 끝없는 갈증에서 오는 행동이지요.

한 끗 차이 — 배우는 사람과 가르치는 사람, 어디에 초점을 두는가?

- **공부** | 공부는 배우는 사람의 의지나 능력 등에 초점이 있어요. "민수는 공부를 잘한다.", "공부에 힘쓰다." 등의 예문을 통해서 이를 알 수 있어요.
  - 예) 지금은 학생으로서 공부에 힘써야 할 때야.

- **학습** | 학습은 가르치는 사람의 의도나 계획에 초점이 있어요. "교사가 다양한 매체를 활용하면 학습이 효율적으로 이루어진다."와 같은 예문을 통해 이를 알 수 있어요. '개별 학습, 반복 학습, 보충 학습, 선행 학습, 심화 학습, 암기 학습, 토론 학습' 등으로 쓰여요.
  - 예) 선생님은 우리에게 반복 학습의 중요성을 알려 주셨어요.

더 알아보기 — 공부와 학습의 또 다른 뜻!

공부와 학습이 본뜻과 조금 다른 의미로 쓰일 때도 있어요.

① 이번 실패를 통해 인생 공부를 했다.

② 계속되는 실패 때문에 학습된 무기력에 빠졌다.

①에서 사용된 '인생 공부'란 삶의 과정에서 얻게 되는 깨달음을 가리켜요. 지식 위주의 공부와는 구별되지요. 또한 ②에서 쓰인 '학습된 무기력'이란 실패나 좌절에 반복적으로 빠져 좋은 조건이나 환경에 놓여도 무력감을 벗어나지 못함을 이르는 말이에요. 이때의 '학습'은 어떤 경험의 결과로 얻어지는 앎이나 배움을 의미해요.

하늘 아래, 땅 위 어딘가!
공중과 허공

공중과 허공은 모두 하늘 아래, 땅 위의 빈 공간이나 위치를 가리켜요.

한 끗 차이 — 빈 곳 자체를 뜻하는가?

- **공중** | 공중은 그저 텅 빈 곳이 아니라 <u>어떤 물체가 존재하는 공간</u>이에요. 공중을 말하는 순간 물체도 언급할 수밖에 없어요. 그 물체는 땅에 닿지 않은 상태로 떠 있거나 땅 위로 솟구치거나 혹은 땅을 향해서 떨어져요. 즉, 공중은 하늘과 땅 사이에 있는 물체의 움직임이나 위치를 보여 주는 배경이자 좌표라고 할 수 있어요.
  - 예) 새 한 마리가 <u>공중</u>을 날고 있어요.

- **허공** | 허공은 공중과 달리 <u>빈 곳 자체</u>를 가리켜요. 허공의 공간에는 보통 아무것도 존재하지 않아요. 그저 텅 빈 곳일 뿐 특별한 곳이 아니에요.
  - 예) 엄마는 말없이 <u>허공</u>만 바라보았어요.

더 알아보기 — 분위기를 보여 주는 단어, 허공

허공은 쓸쓸함, 처량함, 허무함 같은 정서적 분위기를 나타내기도 해요. 말없이 허공만 바라보고, 허공에 한숨을 쉬는 것은 어딘지 쓸쓸함이나 허무함이 느껴지죠? 이렇게 정서적인 공간을 나타내기도 하는 특성 때문에 문학적 표현에도 자주 등장해요.

쓸쓸한 나의 마음
공허하다와 허전하다

마음이 쓸쓸한 사람의 내면을 들여다보았을 때 공허함과 허전함이 보일 거예요.

한 끗 차이 — 어떤 때 느껴지는 감정인가?

- **공허하다** | 삶에서 아무런 의미나 보람도 읽을 수 없는 사람의 쓸쓸한 내면을 표현하는 말이에요. 목표가 없는 삶, 의미도 보람도 없는 삶을 사는 사람의 마음을 대변해요. 모든 것을 가졌음에도 조금도 행복하지 않을 때 공허감이 밀려온다고 말해요.
  - 예) 삶의 목표가 없다면 마음이 공허할 수밖에 없어요.

- **허전하다** | 허전함은 어떤 사람이나 사물의 부재로 인해 가슴 한구석이 텅 빈 것 같은 마음을 가리켜요. 정든 사람과 헤어지거나 곁에 있던 사람이 멀리 떠나면 쓸쓸한 마음을 억누를 수 없게 되는데, 이때의 서운한 감정이 바로 '허전함'이에요.
  - 예) 친구들이 모두 집에 가 버리고 나니 마음이 허전했어요.

더 알아보기 — '허전하다'만 쓰는 경우

어느 곳에 마땅히 있어야 할 것이 없을 때는 '허전하다'만 쓸 수 있어요.

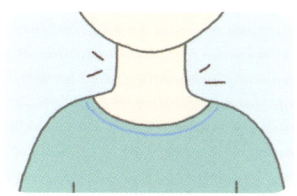

목이 허전하다
목 주위가 비어 있어 목걸이 등으로 꾸미거나 가리고 싶은 상태

벽이 허전하다
벽에 아무것도 없어 그림이나 사진, 액자 같은 것을 걸어 장식하고 싶은 상태

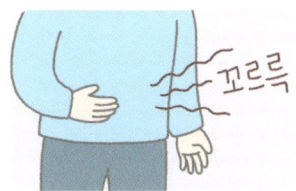

속이 허전하다
배 속이 비어서 음식을 먹고 싶은 욕구가 있는 상태

사물을 나누는 일
구별과 구분

구별과 구분은 모두 어떤 범주*에 따라 사물을 나누는 일을 가리켜요.

*범주란? 동일한 성질을 가진 부류나 범위를 말해요.

우니의 기분은 보통 딱 두 가지로 구분돼.

기쁘거나, 아주 기쁘거나.

맞네, 맞아.

ㅋㅋ ㅋㅋ ㅋㅋ

우니는 상황 구별 없이 늘 기분이 좋지.

맞아, 가끔 화는 내지만 대체적으로 참 유쾌해.

한 끗 차이 — 어디에 초점을 두는가?

- **구별** | 구별은 둘 이상의 대상을 성질이나 종류에 따라 나누거나, 나누어 차이를 두는 것을 뜻해요. '차이를 두는 것'에 초점이 있어요.
  - 예) 남녀 구별 없이 동등한 기회를 줄 거야!

- **구분** | 구분은 하나의 대상, 또는 전체의 대상을 어떤 기준에 따라 둘 이상의 것으로 나누는 것을 뜻해요. '경계를 나누는 것'에 초점이 있어요.
  - 예) 곤충의 몸은 머리, 가슴, 배로 구분돼요.

더 알아보기 — 구별과 구분, 같은 뜻으로 쓰일 때!

구별과 구분이 같은 의미로 쓰일 때도 있어요.

　　영주와 성주는 쌍둥이라서 누가 누구인지 구별하기/구분하기 어려워.

위 예문에서는 구별과 구분이 모두 쓰일 수 있어요. '둘 이상의 사물이 차이가 있음을 아는 것'을 뜻할 때이지요. '구별'의 뜻이 '차이를 둠'에서 '차이를 앎'으로 확장되는 것이 가능하듯, '구분'의 뜻이 '경계를 나눔'에서 '차이를 앎'으로 확장되는 것 역시 불가능하지 않답니다.

어떤 일을 하기 위해 사용하는 것
기구와 도구

기구와 도구는 어떤 일을 하기 위하여 사용하는, 비교적 간단한 구조의 물건을 가리켜요. 일의 효율을 극대화하기 위해 사용한답니다.

한 끗 차이 — 사용하는 목적이 무엇인가?

- **기구** | 기구는 <u>전기나 가스를 이용할 때나 의료 목적</u> 등으로 사용되는 물건을 가리켜요. '가전 기구, 난방 기구, 실험 기구, 의료 기구, 주방 기구' 등이 있어요. '운동 기구'는 기구의 특성에 딱 들어맞지는 않지만 관습적으로 굳어져 쓰이는 말이에요.
  - 예) 실험 <u>기구</u>를 다 썼으면 제자리에 갖다 놓아라.

- **도구** | 도구는 <u>어떤 작업을 손쉽게 하려고 사용하는 물건</u>을 가리켜요. '낚시 도구, 세면도구, 응원 도구, 청소 도구, 필기도구' 등을 예로 들 수 있어요.
  - 예) <u>필기도구</u>는 꼭 가지고 다녀야 해.

더 알아보기 — 도구의 또 다른 뜻!

도구는 어떤 목적을 이루기 위한 수단을 뜻하기도 해요.
- 예) 명상은 마음을 다스리는 <u>도구</u>예요.
  웅이는 인맥을 <u>도구</u>로 반장이 되었어.

뇌에 새겨진 지난 일의 흔적
기억과 추억

기억과 추억 모두 뇌에서 어떤 일을 되살려 생각하는 것이에요.

한끗 차이 — 무엇을 되살리는가?

- **기억** | 기억은 어떤 일이나 지식 등을 머릿속에 넣어 보존하거나 되살려 생각하는 것을 가리켜요. 과거나 현재의 일을 모두 보존하거나 되살릴 수 있어요. 또, 시간이 지남에 따라 희미해지기도 하고 변하기도 하며 잊히기도 해요.
  - 예) 지금 제가 한 말 꼭 기억해 주세요.

- **추억** | 추억은 오직 과거의 일만 되살릴 수 있어요. 이미 머릿속에 입력된 일들만 꺼낼 수 있지요. 그리고 추억은 과거의 사건을 감성적으로 떠올릴 때 사용하는 단어예요. 단순히 과거의 어떤 사실을 떠올리는 기억과 이 점에서 차이가 있어요. 추억에 잠긴다는 것은 과거의 사건을 바라보며 그때의 감성에 촉촉이 젖는 일이지요.
  - 예) 우리는 추억에 잠겨 한동안 말이 없었어요.

더 알아보기 — 그리움을 동반하는 추억

추억은 그리움의 정서를 동반해요. 추억에는 그 시절로 돌아가 그때 그 기분을 다시 느껴 보고 싶은 마음이 깃들어 있거든요. '추억 여행', '추억의 그 장소'와 달리 '기억 여행', '기억의 그 장소'가 부자연스러운 것은 기억에는 그런 감성이 묻어나지 않기 때문이에요. 또, 추억은 부정적 의미가 강한 표현과는 잘 어울리지 않아요. 추억은 그 바탕에 그리움의 정서가 깔려 있는데, 참혹하고 끔찍한 일은 그리움의 대상이 될 수 없기 때문이에요.

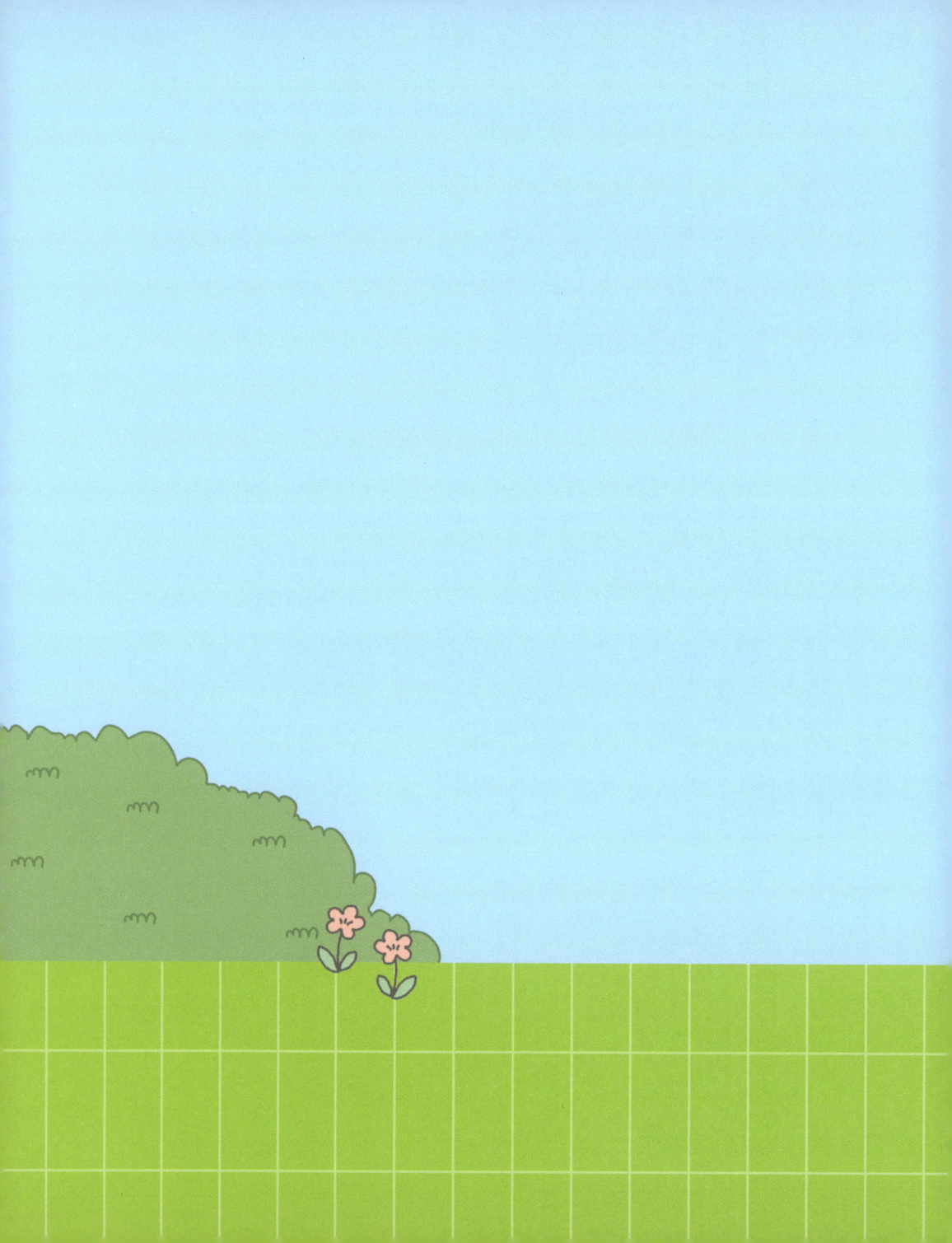

2장
ㄴ~ㅅ

노동과 일
도덕과 윤리
동감과 공감
마술과 마법
만발과 만개
모습과 모양
몰입과 몰두
무식과 무지
문명과 문화
물건과 물체
발달과 발전
불법과 범법
사실과 진실
상상과 공상
세상과 세계
속담과 격언
솔직과 정직
시기와 질투
실패와 실수

노동과 일

헛둘 헛둘!

노동과 일은 모두 생산적이고 가치 있는 것을 이루기 위한 육체적·정신적 활동이에요.

- 더 이상 이렇게 힘든 육체노동을 할 수는 없어!
- 그래 봤자 겨우 교실 청소잖아.
- 이것도 일이야! 그리고 청소는 날 힘들게 해!
- 어휴, 저 뺀질이! 또 시작이네!

한 끗 차이 — 전문어인가, 일상어인가?

- **노동** | 노동은 전문어의 특성이 있어요. 주로 경제학이나 사회학 등의 영역에서 쓰는 언어지요. 이런 점 때문에 노동은 다른 말과 어울려 전문 용어를 풍부하게 만들어 낼 수 있어요. '노동 단체, 노동 운동, 육체노동' 등으로 쓰이지요. 그리고 노동은 추상적 의미의 육체적·정신적 활동을 의미해요.
  - 예) 육체노동은 절대 쉽지 않아.

- **일** | 일은 사람이 생산적이고 가치 있는 것을 이루기 위해 몸을 움직이거나 머리를 쓰거나 하는 모든 활동을 의미해요. 일은 일상어예요. 그리고 구체적이고 특정한 작업이나 활동을 가리키지요. 일이란 장사하는 일, 가르치는 일처럼 생계를 위한 활동뿐 아니라 숙제하는 일, 밥 먹는 일, 잠자는 일과 같은 일상의 활동도 모두 포함해요.
  - 예) 나는 숙제하는 일이 적성에 안 맞아!

더 알아보기 — '일'의 쓰임새

일은 노동과 달리 문제, 경험, 기억, 상황, 용변 등의 의미를 나타낼 수 있어요.

- 문제: 너 무슨 일 있었니?
- 경험이나 기억: 난 그곳에 간 일이 없다.
- 상황: 엄마한테 혼날 일을 생각하니 겁이 난다.
- 용변: 화장실에서 일을 보고 있는데 전화가 왔다.

우리가 지켜야 할 아름다운 규범과 질서
도덕과 윤리

도덕과 윤리 모두 인간으로서 마땅히 지켜야 할 규범을 뜻해요.

한 끗 차이 — 개인과 집단, 어디에 초점을 두는가?

- **도덕** | 도덕은 개인에게 초점이 있어요. 개인의 가치관이나 양심에 기초하는 규범이지요. 물건을 훔치지 말아야 한다거나 정직해야 한다거나 예절을 지켜야 한다는 도덕관념이나 태도는 가정과 학교, 문화 속에서 싹트며 개인의 마음속에 새겨져요. 이는 우리가 어떤 행동을 하거나 무엇을 판단할 때 즉각적·자동적으로 작동해요.
  - 예) 예의를 지키지 않는 것은 도덕에 어긋난 행동이야.

- **윤리** | 윤리는 사회나 집단에 초점이 있어요. '기업 윤리, 방송 윤리, 직업 윤리' 등에서 보듯 윤리는 어떤 사회 영역이나 직업 등에서 요구되는 보편적 규범이라 할 수 있어요.
  - 예) 선생님이 학생을 때리는 건 직업 윤리에 어긋나.

더 알아보기 — 도덕과 윤리의 충돌!

때로 도덕과 윤리가 충돌하는 경우가 있어요. 전쟁터의 군인을 상상해 보세요. 적에게 총을 쏘는 일은 군인으로서의 윤리적 의무지만, 사람을 죽이면 안 된다는 것은 그의 내면에 강력하게 자리 잡은 도덕관념일 수 있어요. 이런 경우 도덕과 윤리가 충돌하는 거예요.

도덕관념: 사람을 쏘면 안 되지!

직업 윤리: 적의 심장을 쏴라!

우리 같은 마음일까?
동감과 공감

동감과 공감은 어떤 의견에 같은 생각을 가지거나 그렇게 느끼는 것을 뜻해요.

한 끗 차이 — 의미의 깊이를 따지자!

- **동감** | 동감의 의미는 단순해요. 단순히 상대와 의견이 일치하는 것을 가리키지요. 그저 맞장구일 뿐 내면 깊은 곳의 동의나 상대에 대한 이해는 아니에요.
  - 예) 네 말에 전적으로 동감이야.

- **공감** | 공감의 의미는 복합적이에요. 공감은 의견이 일치하는 것에 그치지 않고, 상대를 깊이 이해하고 상대와 같은 마음이 되는 상태를 가리켜요. 공감은 감정 이입을 통해 다른 사람의 감정을 자기 안으로 받아들여요. 남의 마음을 읽어 내는 일이라는 점에서 일종의 능력이기도 해요. "공감 능력이 뛰어나다."라는 말도 있는 것처럼요.
  - 예) 규현이와 대화를 나누면서 그 애의 마음에 공감했어.

더 알아보기 — 동감과 공감, 또 하나의 구분법!

동감은 '이다'와 결합할 수 있지만 공감은 그럴 수 없어요. 그리고 공감은 '느끼다', '가다', '얻다', '불러일으키다'와 함께 쓸 수 있지만 동감은 그럴 수 없지요. 이게 다 의미의 깊이가 다르기 때문에 나타나는 현상이에요.

- 예) 그 말에 진짜 동감이야(×)/공감이야.

  예린이의 말에 동감을(×)/공감을 느꼈어.

비비디 바비디 부!
마술과 마법

마술과 마법 모두 초자연적인 힘이나 능력으로
신비하고 기이한 일을 일어나게 하는 것을 가리켜요.

한끗차이 — 눈속임인가, 허구인가?

- **마술** | 마술은 <u>현란한 눈속임</u>의 공연 예술이에요. 여러 가지 도구나 장치를 사용하는 고난도의 속임수일 뿐, 실제로 일어나는 일이 아니지요. 마술사의 손에 있던 카드가 눈앞에서 돈으로 바뀌는 일은 손 기술에 의한 눈속임이랍니다.
  - 예) 마술사는 모자에서 비둘기가 나오는 <u>마술</u>을 보여 주었어요.

- **마법** | 마법은 환상적인 상상 문학(동화, 판타지 소설 등)에서 보여 주는 <u>허구의 술법</u>이에요. 초자연적인 힘을 가지고 불가능한 일을 일어나게 하는 것을 가리키지요.
  - 예) 공주는 <u>마법</u>에 걸린 왕자를 구하기 위해 악당과 싸웠어요.

더 알아보기 — 요술은 뭔가요?

초자연적인 능력으로 괴이한 일을 일어나게 하는 술법을 가리키는 말로 '요술'도 쓸 수 있어요. 마법에 비해 사용 빈도는 낮은 편인데, 주로 동화나 애니메이션 등에서 쓰여요.

무궁화꽃이 피었습니다!
만발과 만개

만발과 만개는 꽃이 활짝 핀 상태를 말해요.

한 끗 차이 — 꽃이 모여 있는가?

- **만발** | 만발은 식물이 모여 있는 상태에서 꽃이 흐드러지게 핀 경우에 쓰여요. 수많은 꽃이 넓은 공간을 온통 뒤덮듯 피어 있는 상태인 거지요.
  - 예) 공원에 수많은 벚꽃이 만발했어요.

- **만개** | 만개는 식물이 모여 있는 것과 상관없이 꽃의 절정 상태를 나타내는 경우에 쓰여요. 꽃이 개화의 절정에 다다른 상태지요.
  - 예) 개나리가 활짝 만개한 모습을 사진으로 담았어요.

더 알아보기 — 만발은 비유적 의미로도 쓰여요!

만발은 비유적으로 어떤 현상이 여기저기서 많이 일어나는 것을 나타내요. 경사로운 일로 가족 간에 웃는 일이 많아지는 것을 두고 '웃음꽃이 만발한다'라고 해요.

예) 내가 태권도 대회에서 우승하자 집에 웃음꽃이 만발했어.

겉으로 보이는 형상
모습과 모양

모습과 모양 모두 어떤 사물의 겉 형상을 말해요.

한 끗 차이 — 구체적인가, 추상적인가?

- **모습** | 모습은 구체적이고 개별적인 형상을 가리켜요. 어떤 표정을 짓고 있거나, 어떤 동작을 하고 있거나, 어떤 인상을 지니고 있거나, 어떤 상황에 놓인 대상의 형상을 나타내지요. 표정이나 동작, 인상 혹은 특정한 맥락이나 구체적 상황이 따라와요. 이러한 구체적인 상황과 상관없는 모습은 상상하기 어려워요.
  - 예) 태형이는 활짝 웃는 모습이 귀여워.

- **모양** | 모양은 사물을 추상화한 대강의 형태라고 말할 수 있어요. 구체성도 없고, 특정한 맥락이나 상황도 주어져 있지 않아요. 실루엣과 같은 윤곽선만을 나타낼 수 있을 뿐이에요.
  - 예) 달 모양이 둥그렇네!

더 알아보기 — 모양의 더 많은 의미

- 보기 좋게 꾸미는 일: 오랜만에 하는 외출이라 한껏 모양을 내고 나갔다.
- 최소한의 외양: 집이 허름하지만 모양은 갖추었다.
- 사물의 형편이나 됨됨이: 어쩌다 이 모양 이 꼴이 되었을꼬?
- 위엄이나 체면: 아이들 앞에서 망신을 당했으니 모양이 말이 아니다.
- 추측성 의견: 그 친구가 겁을 먹은 모양이군.

저 깊이 빠져, 빠져!
몰입과 몰두

몰입과 몰두는 어떤 일에 깊이 빠지거나
온 마음을 기울이고 있는 상태를 가리켜요.

- 우니는 안 온대?
- 응. 요새 수학 공부에 **몰두**해 있더라.
- 수학 공부는 왜?
- 다음 주가 시험이니까? 하하~
- 아…. 그럼 우리도 공부해야 하나?
- 아니! 우린 **몰입**할 곳이 따로 있지.
- 바로 이거지~ 역시 우린 잘 통해!

○○PC방

한 끗 차이 — 무언가에 빠진 이유는?

- **몰입** | 어떠한 대상에 온 마음을 기울였을 때 쾌감이나 즐거움을 느낀다면, 몰입이라고 할 수 있어요. 몰입은 짧은 시간 안에 이루어져요. 일반적으로 부정적인 일을 대상으로 하지 않고, 또 부정적 결과를 가져오지도 않아요.
  - 예) 제훈이는 자신의 피아노 연주에 몰입해 있어.

- **몰두** | 어떤 대상에 집중하는 이유가 '당위성' 때문이라면, 몰두라는 단어를 사용해요. 마땅히 해야 하기 때문에 그 대상에 빠지는 거지요. 그렇기 때문에 주로 장기간에 걸쳐 이루어지는 경우가 많고, 사업·학문·연구 등의 단어와 쓰여요.
  - 예) 우리 아빠는 요즘 새로운 사업에 몰두하고 계셔.

더 알아보기 — 탐닉은 뭔가요?

어떤 일에 빠지는 것은 짜릿하고 흥분되는 일이에요. 그 순간만은 다른 생각을 잊을 수 있거든요. 걱정도 시름도 날려 버릴 수 있어요. 하지만 무엇에 지나치게 빠지는 것은 종종 부정적인 결과를 가져오기도 해요. 이렇게 어떤 대상에 빠져서 통제력을 잃고, 대상으로부터 벗어나고 싶어도 벗어날 수 없는 이른바 중독된 상태를 '탐닉'이라고 해요. 그래서 어른들이 술과 도박 등에 빠지는 일을 '탐닉'이라고 부르죠. 주로 긍정적인 문장에 쓰이는 몰입이나 몰두와 달리, 탐닉은 부정적인 문장에 자주 쓰여요.

예) 그 아저씨는 도박에 탐닉해 있어요.

전… 아무것도 몰라요….
무식과 무지

무식과 무지 모두 아는 것이 없음을 뜻해요.

한 끗 차이 일반적인 지식과 교양이 있는가?

- **무식** | 무식은 배우지 못해서 아는 것이 없는 상태를 뜻해요. 배우지 못했다는 것은 일반적으로 제도 교육을 받지 못했음을 뜻하지만, 넓게는 글을 깨치지 못했음을 가리키기도 해요. 그 시대가 요구하는 일반적인 지식과 교양이 없는 경우에 무식이라는 말을 쓰지요.
  - 예) 똑똑한 척하다가 무식한 게 들통났어.

- **무지** | 지식과 교양이 없음을 가리키지 않아요. 단지 특정한 분야나 영역에 대해 아는 것이 없는 상태를 의미하지요. 예를 들어 과학자가 음악에 대해 '무지'할 수는 있지만, 아무도 이 과학자를 '무식'하다고 하지는 않아요.
  - 예) 네가 미술 분야에 무지해서 그러는데, 저 화가 진짜 유명해.

더 알아보기 한자어 '무지'와 별개로 쓰이는 '무지하다'

아는 것이 없음을 뜻하는 한자어 '무지(無知)'와 별개로 쓰이는 고유어 '무지하다'가 있어요. 무지하다는 보통의 정도를 훨씬 넘어선 상태를 나타내는 말이에요. "선물 상자가 무지하게 크다."와 같이 쓰여요.

날씨가 무지하게 덥네!!

인류가 이루어 낸 성취
문명과 문화

문명과 문화는 모두 인류가 일구어 낸 고차원의 정신적·물질적 성취를 뜻해요. 동물과 구별되는 삶의 양식이지요.

한 끗 차이 — 어떤 특성이 강한가?

- **문명** | 문명은 삶 속에서 편리를 추구하는 특성이 더 강해요. 과학 문명, 기계 문명, 공업 문명 등 인간 집단이 주로 기술적·물질적 토대 위에서 발전한 상태를 말하지요. 미개하거나 야만적인 상태를 벗어나 과학 기술의 발달과 물질적 풍요를 누리는 상태를 뜻해요.
  - 예) 과학 문명의 발달로 삶이 편해졌어요.

- **문화** | 문화는 삶을 다채롭고 풍요롭게 하는 특성이 두드러져요. '전통문화, 놀이 문화, 음식 문화'와 같이 어떤 사회 집단이 오랜 시간 동안 형성하여 서로 공유하는 가치관과 행동 양식을 가리켜요.
  - 예) 우리나라의 전통문화를 잘 알고 있니?

더 알아보기 — 문명은 비교가 가능하다?

문명은 다른 문명과 서로 비교하여 우열을 가릴 수 있어요. 예를 들어 과거 서양의 과학 문명이 동양의 과학 문명보다 앞섰다거나 고대 문명이 현대 문명보다 뒤떨어졌다고 할 수 있지요. 하지만 문화는 각자 고유한 것으로 서로 다를 뿐 어떠한 격차가 있다고 하기 어려워요. 서양 문화가 동양 문화보다 우월하다거나 고대 문화가 현대 문화보다 낙후되었다고 단정하기 어려운 이유예요.

존재하는 대상물
물건과 물체

물건과 물체는 공통적으로 공간에 실제 물체로서 존재하는 대상물을 가리켜요.

한 끗 차이 — 일상과 관련이 있는가?

- **물건** | 일상생활과 관련이 있고, 일정한 형태가 있는 사물을 가리켜요. 물건은 보통 어떤 용도인지, 누구의 소유인지, 얼마나 가치가 있는지 등이 중요해요. '남의 물건' 혹은 '귀중한 물건' 등의 예시를 보면 물건이라는 말 속에 용도, 소유, 가치 등의 개념이 들어 있다는 것을 알 수 있어요.
  - 예) 귀중한 물건은 안전한 곳에 잘 보관하세요.

- **물체** | 물체는 일상적이지 않아요. 용도, 소유, 가치 등의 개념을 포함하지 않거든요. 물체는 주로 관찰이나 실험 같은 맥락에서 사용돼요. 혹은 형태는 있으나 정체를 알 수 없거나 오직 시각이나 촉각 등의 대상이 되는 사물을 물체라고 불러요.
  - 예) 어둠 속에서 차갑고 단단한 물체가 만져졌어요.

더 알아보기 물건의 또 다른 뜻!

물건은 때로 거래하는 집, 건물 등 부동산을 가리켜요. 부동산 중개인이 "요즘엔 통 물건이 없어요."라고 하면 거래하는 부동산 매물이 없다는 뜻이지요. 또, 특이해서 주목을 끌거나 재주가 제법이라고 여겨지는 사람을 가리키기도 해요. "새로 온 전학생 말이야, 볼수록 물건이더라고!"와 같이 쓰인답니다.

더 나은 내일을 위해!
발달과 발전

발달과 발전은 더 좋은 상태, 더 큰 규모나 수준으로 나아가는 것을 말해요. 대체로 긍정적인 변화를 가리켜요.

한 끗 차이 — 완성도와 상관있는가?

- **발달** | 발달은 학문·기술·문명 등이 일정 수준이나 상당한 정도에 이르는 것을 가리켜요. 다시 말해 완성도 있는 수준에 도달한 것을 뜻하지요. 예를 들어 '교통의 발달'이라 함은, 교통수단이나 질서 등이 상당한 수준에 도달한 상태를 가리켜요. 또한 발달은 시간의 흐름에 따라 순차적으로 이루어진 성장이에요.
  - 예) 교통의 발달로 좋아진 점이 정말 많아.

- **발전** | 완성도와 상관없이 이전의 상태보다 나아졌다면 발전이라고 할 수 있어요. 발전은 사물이 전보다 더 낫거나 좋은 상태로 나아가는 것을 가리키거든요. '교통의 발전'이라 함은, 교통이 현재 또는 기준 시점보다 더 나아진 상태를 가리키는 거예요.
  - 예) 국가에서는 교통의 발전을 위한 효율적 방안을 찾고 있어.

더 알아보기 — 발전은 되고, 발달은 안 되는 경우!

발전은 '일이 어떤 방향으로 전개된다'는 뜻으로 쓰일 때가 있어요. 하지만 발달은 그런 뜻을 가지지 못해요.

두 사람은 친구에서 연인으로 발전했어요/발달했어요(×).

일이 아주 엉뚱한 방향으로 발전하고/발달하고(×) 말았어요.

삐-이! 거기 멈추세요!

불법과 범법

불법 행위와 범법 행위는 모두 법을 어기거나 법에 어긋나는 행위를 말해요.

한 끗 차이 — 포괄적인가, 구체적인가?

- **불법** | 불법은 합법이 아닌 상태, 곧 특정 법을 위반한 상태를 가리켜요. 불법 주차는 도로 교통법을 위반한 주차를 가리키고, 불법 건축물은 건축법에 따른 사용 승인을 받지 않고 지은 건축물을 가리키지요.
  - 예) 도로에 불법 주차한 사람들 때문에 피해가 많아요.

- **범법** | 범법은 막연히 법을 어기는 행위를 가리켜요. 범법자는 특정 법과 상관없이 법을 어긴 사람을 포괄적으로 이르는 말이지요.
  - 예) 그는 이미 범법자로 낙인찍혔어.

더 알아보기 — 위법은 뭔가요?

위법도 불법과 마찬가지로 법에 어긋나는 행위예요. 위법은 '적법하지 못한 상태, 곧 특정 법의 내용에 들어맞지 않은 상태'를 가리키지요. '불법 건축물'이 건축법에 따른 사용 승인을 받지 않고 지은 건축물을 가리킨다면, '위법 건축물'은 건축법에 따른 사용 승인은 받았으나 그 후 법을 위반한 건축물을 가리켜요.

실제로 일어난 그대로!
사실과 진실

사실과 진실은 실제 그대로 은폐나 왜곡하지 않은 참된 것을 말해요.

한 끗 차이 — 어디에 초점을 두는가?

- **사실** | 실제로 일어난 것, 있는 그대로의 것을 뜻해요. 실제와 같은지 다른지에 대한 여부에 초점이 있어요. 객관적 판단, 혹은 사실 판단이라고 볼 수 있지요. 사실은 증거를 통해 검증될 수 있어요.
  - 예) 은호가 남의 물건을 훔쳤다는 것은 사실이 아니에요.

- **진실** | 참되고 바른 것, 은폐하거나 왜곡하지 않은 것을 뜻해요. 정직성이나 올바름에 초점이 있어요. 주관적 판단, 혹은 가치 판단이라고 볼 수 있어요. 이는 믿음이나 인식, 가치관 등에 기초해요. 그래서 진실에는 사실에서 볼 수 없는 긴장과 두려움이 포함되기도 해요. 진실을 밝히는 목소리에는 은폐나 왜곡을 용납하지 않으려는 긴장감이 묻어 있기 때문이에요.
  - 예) 내가 그를 미워한다는 것은 진실이 아니야.

더 알아보기 — 갈릴레오 갈릴레이의 신념!

과거의 사람들은 지구가 모든 우주의 중심이라고 생각했어요. 그래서 다른 천체들이 지구를 중심으로 돌아간다고 생각했지요. 하지만 17세기 과학자 갈릴레오 갈릴레이는 "지구가 태양의 주위를 돈다."라는 신념을 믿었어요. 당시 자신의 이러한 신념을 '진실'이라고 믿은 거지요. 그때만 해도 지구가 태양을 돈다는 것은 과학적으로 증명되지 않았기 때문에 '사실'이 되지는 못했어요. 하지만 오늘날 이는 과학적 증명이 끝난 객관적 '사실'이 되었지요. 이렇듯 사실과 진실은 같은 듯하면서도 다른 개념이에요.

생각에 날개를 달아라!
상상과 공상

상상과 공상 모두 현실에 있지 않은 것을 생각하는 거예요.
직관적이고 감성적이며 자유로운 생각의 전개지요.

한 끗 차이 — 실현 가능성이 어느 정도 있는가?

- **상상** | 상상은 공상보다 실현 가능성이 상대적으로 높아요. 열심히 공부하면서 희망찬 미래를 머릿속으로 그리는 것, 또 예술 작품을 창작해 내기 위해 참신한 생각을 떠올리는 것 모두 공상보다는 상상에 가까워요.
  예) 미래에 대한 상상의 날개를 펴 봐.

- **공상** | 상상에 비해 실현 가능성이 상대적으로 낮아요. 좀 더 막연하고 종잡을 수 없어요. 공상은 비현실적인 생각이라서 오히려 소설, 영화, 만화 등의 소재가 되기도 해요. 얼핏 허무맹랑해 보이지만 가상의 유사 과학을 토대로 하여 공상적 미래를 묘사한 것이 공상 과학 소설·영화·만화거든요.
  예) 나는 공상 과학 영화를 즐겨 봐.

더 알아보기 — 다른 단어와의 호흡은?

'상상력'은 가능하지만 '공상력'은 불가능하고, '공상가'는 가능하지만 '상상가'는 불가능해요. 다시 말하자면, 상상은 공상과 달리 능력을 뜻하는 '-력(力)'과 결합할 수 있으며, 공상은 상상과 달리 능하거나 잘하는 사람을 뜻하는 '-가(家)'와 결합할 수 있어요.

상상 + 력(力)
풍부한 상상력을 발휘하다.

공상 + 가(家)
그는 꿈 많은 공상가였다.

모든 사람이 함께 살아가는 곳!
세상과 세계

세상과 세계는 모두 사람들이 어우러져 살아가는 크고 넓은 곳이에요.

한 끗 차이 — 주관적인가, 객관적인가?

- **세상** | 세상은 막연하고 주관적인 성질을 띠어요. 모든 사람들이 함께 살아가는 드넓은 곳을 추상적이고 주관적으로 이르는 말이지요. 사람은 세상으로부터 한 걸음도 벗어날 수 없어요. 관용구인 '세상을 떠나다'의 의미가 '죽다'일 수밖에 없는 것은 그래서예요. 사람은 세상에 태어나서 세상을 살다가 세상을 떠나요.
  - 예) 이야, 세상 참 좁네?! 널 이런 데서 다 만나고.

- **세계** | 세계는 지구 전체 공간을 명확하고 객관적으로 이르는 말이에요. 곧 세계는 지구상에 존재하는 모든 나라나 인류 전체를 가리키지요.
  - 예) 세계에서 가장 높은 산은 에베레스트산이야.

더 알아보기 — 세상은 되고, 세계는 안 되는 경우!

세상은 수많은 사람이 관계를 맺고 살아가는 사회나 그 사회의 속성을 가리킬 수 있지만, 세계는 그럴 수 없어요. 다음의 예시를 들어 볼게요.

> 세상이 너무 불공평해요.

우리는 자주 '세상이 불공평하다'고 푸념해요. 이때의 세상은 장소의 의미가 아니에요. 우리가 살아가는 사회나 그 사회의 속성을 뜻하거든요.

삶에 대한 교훈과 깨달음
속담과 격언

속담과 격언 모두 삶에 깨달음을 주는 문장을 말해요.

한 끗 차이 — 교훈을 무조건 담고 있나?

- **속담** | 속담은 삶에 대한 깨달음 등을 담거나 어떤 대상을 풍자하는 짤막한 말이에요. 오랜 시간에 걸쳐 전해져 온 것을 가리키지요. 속담은 반드시 교훈을 담고 있는 건 아니에요. "대낮에 도깨비에 홀리다."(도무지 이해가 안 되는 일을 당하다)처럼 딱히 교훈을 담고 있지 않은 문장도 있어요.
    - 예) '천 리 길도 한 걸음부터'라는 속담처럼 작은 일부터 차근차근 시작해야 해.

- **격언** | 격언은 인생의 교훈이나 지침이 될 만한 어구나 문장을 가리켜요. "시간은 금이다.", "펜은 검보다 강하다." 등 속담에 비해 재미가 덜하고, 항상 교훈을 담고 있어요.
    - 예) 격언은 살아가는 데 도움이 돼.

더 알아보기 — 명언은 뭔가요?

명언은 세상에 널리 알려진 말로, 대개 유명인의 말을 가리켜요. 보통 심오한 뜻이나 의미 있는 진실을 담고 있지요. 갈릴레이의 "그래도 지구는 돈다.", 철학자 데카르트의 "나는 생각한다, 고로 존재한다." 등을 명언이라고 해요.

아직 안 늦었어! 그래, 5분이면 하겠지!

개그맨 박명수 아저씨의 명언이 있지. 늦었다고 생각할 때는 진짜 늦은 것이다.

-쉬는 시간-

거짓이 없는 상태
솔직과 정직

솔직과 정직은 말이나 행동에 거짓이 없는 상태를 가리켜요.

한 끗 차이 — 단지 거짓 없는 상태인가?

- **솔직** | 솔직하다는 것은 '감추지 않거나 꾸미지 않고 사실 그대로 있다는 것'을 뜻해요. 감추지 않는다는 것은 부끄러움이나 쑥스러움을 무릅쓰고 공개한다는 것을 의미하고, 꾸미지 않는다는 것은 그럴듯하게 덧붙이거나 부풀리지 않는다는 것을 의미해요. <u>단지 거짓 없음</u>, 또는 사실 그대로인 상태에서 쓰이지요.
  - 예) 우리 사귀는 거 친구들한테 솔직하게 털어놓자!

- **정직** | 정직은 <u>거짓 없음에 더해 규범성을 가지고 있어야 해요</u>. 사람으로서의 도리를 따르고 사회 윤리를 벗어나지 않아야 비로소 정직하다고 할 수 있어요.
  - 예) 저는 평생을 정직하게 살아왔어요.

더 알아보기 — 솔직한 사람, 정직한 사람

<u>솔직한 사람은 어떤 사람일까요?</u> 좋은 건 좋다 싫은 건 싫다고 말하는 사람, 주위 사람의 눈치를 살피지 않고 있는 그대로 말하는 사람이라면 솔직한 사람이라고 할 수 있어요.

<u>그럼 정직한 사람은 어떨까요?</u> 옳은 건 옳다 그른 건 그르다고 말하는 사람, 자기에게 불이익이 있더라도 옳은 길을 가는 사람, 말과 행동이 일치하는 사람이라면 참 정직한 사람이라고 할 수 있어요.

한 사람이 동시에 솔직하고 정직할 수는 있지만, 솔직하다고 다 정직한 건 아니며 또 정직하다고 반드시 솔직한 건 아니에요.

내가 더 잘나고 싶어!

시기와 질투

시기와 질투는 모두 남보다 더 잘나고 싶고 사랑받고 싶은 마음을 뜻해요.

한 끗 차이 — 긍정적인 면이 있는가?

- **시기** | 시기는 상대가 자기보다 우월하다는 사실이 거슬리거나 아니꼬워 상대를 미워하고 싫어하는 것을 가리켜요. 오로지 증오로 인한 파괴적 행동만이 있어요.
  - 예) 반 아이들은 로나를 시기한 나머지 괴롭히기 시작했어요.

- **질투** | 질투는 자기보다 우월한 상대로 인해 속이 상하거나 언짢은 기분을 느끼는 것을 가리켜요. 질투에는 자신의 결핍에 주목하는 부정적 질투와 자기 극복에 주목하는 긍정적 질투가 있어요. 긍정적인 질투는 타인의 성공을 교훈으로 삼아 나의 성공을 이끌어 내는 힘이 될 수 있어요.
  - 예) 우리 반 1등 윤솔이에 대한 질투가 내 성적을 올렸어.

더 알아보기 — 질투의 유형

가족이나 친구 사이의 질투

커플 사이의 질투

자신이 가지지 못한 능력, 성공, 외모 등을 상대가 가지고 있을 때의 질투

헉, 망했다!
실패와 실수

목표한 일을 잘못한 것, 또는 잘못되게 하는 것을 실패 혹은 실수라고 해요.

한 끗 차이 — 잘못된 것이 과정인가, 결과인가!

- **실패** | 실패는 일을 잘못하여 목표나 목적, 성과를 이루지 못한 것을 가리켜요. 실패는 결과에 대한 전체적인 평가가 담겨 있는 만큼 그 판단 기준은 <u>최종 결과</u>에 있어요.
  - 예) 할아버지의 사업은 <u>실패</u>로 끝나고 말았어요.

- **실수** | 실수의 판단 기준은 <u>그 행동의 과정</u>에 있어요. 실수는 부주의로 잘못을 저지르는 것을 가리켜요. 마음이 급해서 너무 서두를 때, 집중력이 떨어졌을 때 혹은 너무 긴장했을 때 실수가 일어날 수 있어요.
  - 예) 엉뚱한 <u>실수</u>로 시험 문제를 틀렸어!

더 알아보기 — 어떤 단어와 결합할까?

실수와 실패의 의미 특성 때문에 두 단어가 결합하는 말이 다른 경우가 있어요.

- 한순간의 <u>실수</u>   엉뚱한 <u>실수</u>   <u>실수를</u> 저지르다
- <u>실패를</u> 극복하다   <u>실패를</u> 겪다

실수는 부주의로 인한 잘못이므로 어느 **한순간**에 일어나기 마련이고, 전혀 예측할 수 없어 **엉뚱하게** 여겨질 수밖에 없으며, 우발적으로 **저질러지는** 것이라 할 수 있어요. 그에 반해 실패는 성공을 이루지 못하고 패배하는 것이므로 거기서 오는 좌절과 아픔은 **극복하거나 겪어야 할 대상**이지요. 이렇게 의미 특성에 따라 결합하는 말이 다르다는 것, 기억해 두세요.

3장
ㅇ~ㅎ

여행과 관광
예의와 예절
이유와 원인
자존심과 자존감
전쟁과 전투
정열과 열정
정적과 적막
존경과 존중
책과 도서
체념과 단념
촉감과 감촉
편견과 선입견
햇빛과 햇살
행동과 행위
행복과 복
헤엄과 수영

나랑 별 보러 가지 않을래?
여행과 관광

여행과 관광은 모두 일상의 익숙한 곳에서 벗어나
멀리 낯선 곳으로 떠나는 일을 뜻해요.

한끗 차이 — 관광은 여행의 한 종류일 뿐!

- **여행** | 여행은 자기 집에서 나와 멀리 낯선 곳으로 떠나는 행위를 말해요. 멀리 떠나는 일을 통틀어 하는 말이에요. 좁게는 휴식과 재충전을 위해 훌쩍 낯선 곳으로 떠나는 일을 가리키지만, 넓게는 친목, 구경 등을 위해 다른 지방이나 나라로 가는 일을 모두 포함해요.

    예 휴식이 필요해서 여행을 갈 거야.

- **관광** | 관광은 여행과 다른 별개의 것이 아니라, 여행의 한 종류일 뿐이에요. 관광은 경치가 빼어난 곳이나 문화 유적지, 기타 명소 등을 찾아다니며 보고 즐기는 행위예요. 가장 대표적인 것이 여행사에서 일정한 교통편, 숙식 등을 모두 정해 주는 패키지 관광이에요.

    예 난 가이드가 인솔하는 패키지 관광이 좋아.

더 알아보기 — 여행가와 관광객

여행가와 관광객은 여행하는 태도와 목적이 달라요. 관광객이 일정에 따라 움직이면서 볼거리를 찾으러 돌아다니는 사람이라면, 여행가는 자유롭게 낯선 문화와 접촉하면서 시야를 넓히고 정신적 깨달음을 얻고자 하는 사람이에요.

늘 공손하게, 버릇없지 않게!
예의와 예절

예의와 예절은 다른 사람에게 공손하게 행동하거나 다른 사람을 존중하는 태도를 가지는 것 또는 그에 관한 언행의 규범을 말해요.

둥이야, 무슨 일 있어?

아까 게임하는데 둥이한테 게임 예절을 안 지킨 사람이 있었어.

뭐?! 누구야! 그 예의 없는 자식!

쟤야, 쟤! 게임 못한다고 욕을 엄청 하더라고~

한 끗 차이 — 구체적인가, 추상적인가!

- **예의** | 예의를 지킨다는 것은 다른 사람에게 공손하게 행동하거나 다른 사람을 존중하는 태도를 가진다는 것이고, 예의가 바르다는 것은 다른 사람을 대할 때 내면에 공손함이나 존중심을 가지고 있어 행동이나 태도가 바르다는 것을 뜻해요. 타인과 조화롭고 아름다운 관계를 맺는 지혜로운 기술이라고 할 수 있어요.
  <u>예의는 구체성이 높아요</u>. 그래서 구체적인 말투나 행동 등을 문제 삼아요. 예를 들어, "다리 꼬지 말고 예의 바르게 행동해라." 등으로 쓰이지요.
  - 예) 선생님께 존댓말을 쓰며 예의 있게 행동해야 해.

- **예절** | 예절은 생활이나 인간관계에서 지키거나 따라야 할 말과 행동의 규범을 가리켜요. <u>예의에 비해 행동 규범과 같은 추상적인 것을</u> 문제 삼지요.
  - 예) 어른들과 통화할 때는 전화 예절을 지켜야 해.

더 알아보기 — 예는 뭔가요?

'예'는 사람이 지키거나 따라야 할 도리나 행동 규범, 의식, 절차 등을 통틀어 이르는 말이에요. 가장 넓은 개념으로, 예의와 예절의 뜻을 모두 품고 있어요. '예의를 갖추다'와 '예절을 배우다'는 각각 '예를 갖추다'와 '예를 배우다'로 바꾸어 말할 수 있답니다.

아니, 대체, 왜!?
이유와 원인

이유와 원인은 공통적으로 어떤 일이 일어난 까닭을 가리켜요.
일이 발생하게 된 사정이나 어떤 현상을 일어나게 만드는 요소지요.

한 끗 차이 — 무엇을 가리키는가?

- **이유** | 이유는 어떤 행동이나 현상이 일어나게 된 사정, 동기 등을 가리켜요. 예를 들어 '늦은 이유'는 늦게 된 사정이나 동기를 의미하지요. 대체로 이유가 이끌어 내는 답은 상식과 직관에 의한 것이에요.
  - 예) 제가 왜 이러는지 이유는 묻지 마세요.

- **원인** | 원인은 어떤 현상이나 사태, 사건을 일어나게 만드는 요소나 조건을 가리켜요. 예를 들어 '지진의 원인'은 지진 현상을 일으키는 지질학적 요소나 조건을 의미하는 거지요. 대체로 원인이 이끌어 내는 답은 분석과 추론에 의한 것이에요.
  - 예) 경찰이 교통사고의 원인을 조사하고 있어요.

더 알아보기 — '핑계'를 뜻하는 '이유'

이유는 '핑계'나 '구실'의 뜻을 가지기도 해요. "찬우는 이런저런 이유를 대면서 빌려 간 필통을 돌려주지 않고 있어."에서의 이유는 핑계를 뜻한다고 할 수 있는데, 핑계는 결국 '구차한 이유'라는 점에서 이유와 맞닿아 있기도 하지요. 반면 원인은 이와 유사한 뜻을 가질 수 없답니다.

자꾸 먼저 간 이유를 물어보는데 뭐라고 핑계를 대지…?

품위 있는 나!
자존심과 자존감

자신의 품위나 명예를 지키려는 마음 또는 자기를 존중하는 마음을 자존심 혹은 자존감이라고 해요.

한 끗 차이 　시선이 어디에 있는가?

- **자존심** | 자존심은 남에게 굽히지 않고 자신의 품위나 명예를 지키려는 마음을 뜻해요. 자존심의 시선은 <u>자신의 밖</u>을 향하고 있어요. 자기에 대한 마음이 타인의 평가에 기대어 이루어지는 것을 자존심이라고 해요. 그래서 '자존심이 센 사람'은 남의 평가에 예민하게 구는 사람이라고 말할 수 있어요.
  - 예) 은영이는 <u>자존심</u>이 정말 세.

- **자존감** | 자존감의 시선은 <u>자신의 안</u>을 향해요. 내가 스스로를 어떻게 바라보는지가 중요하지요. 그래서 진정한 자존감이란 남의 평가와 상관없이 자신을 가치 있고 소중한 존재라고 믿는 마음이랍니다.
  - 예) 훈기는 <u>자존감</u>이 참 높아.

더 알아보기　자존심의 긍정적 의미

자존심에는 누군가를 당당하고 떳떳하게 여기는 긍정의 의미도 있어요.

　　　　손흥민 선수는 한국 축구의 <u>자존심</u>이다.

　　　　BTS는 K-pop의 <u>자존심</u>이다.

어떤 한국 축구 선수 혹은 K-pop 스타가 세계 무대에서 두각을 나타낼 때, 그들은 한국인에게 자기 긍정을 불러일으키는 자랑스러운 존재가 돼요.

싸우자! 이기자!
전쟁과 전투

전쟁과 전투는 서로를 적으로 하는 둘 이상의 국가나 군대가 무장하여 싸우는 일을 뜻해요.

한 끗 차이 — 규모가 큰가, 작은가?

- **전쟁** | 전쟁은 엄밀히 말하면 둘 이상의 국가나 단체가 서로 무기를 이용하여 싸우는 일을 가리켜요. 주로 국가와 국가 사이의 무력 충돌을 말하지요. <u>장기적이고 큰 규모</u>의 싸움이에요.
  - 예) 6·25 <u>전쟁</u>이 몇 년도에 일어났는지 알고 있니?

- **전투** | 전투는 서로를 적으로 하는 두 편의 군대가 조직적으로 무장하여 싸우는 일을 가리켜요. 특정한 시간과 장소에서 군대와 군대가 충돌하는 것이며, 전쟁에 비해 상대적으로 <u>단기적이고 작은 규모</u>의 싸움이에요.
  - 예) 미국은 세계 최강의 <u>전투력</u>을 보유하고 있대.

더 알아보기 — 전쟁과 전투, 어울리는 단어는?

전쟁을 벌일 수도 있고, 전투를 벌일 수도 있지만 주체는 다를 수 있어요. 각각 전쟁은 국가, 전투는 군대가 주어로 쓰일 때 적절하고 자연스러워요. 전쟁과 전투는 이처럼 의미 차이로 인해 서로 다른 단어와 합쳐져요.

전쟁
전쟁광, 전쟁터
전쟁 포로, 전쟁 문학
전쟁법

전투
전투기, 전투력
전투복, 전투화
전투 식량, 전투 부대

불타오르네~ 싹 다 불태워라!
정열과 열정

정열과 열정은 모두 뜨겁고 강렬한 내면의 불길을 뜻해요.

한 끗 차이 — 통제가 가능한가?

- **정열** | 정열은 내면에 끄기 어려운 불을 가지고 있는 상태를 뜻해요. 즉, 무언가를 위해 온몸을 바칠 수 있는 힘을 가져요. 그래서 통제하기 어려울 수도 있어요. '정열적인 사람'은 에너지가 넘치고 무슨 일에든 적극성을 가져요.
  - 예) 정열의 나라 스페인에 한번 가 보고 싶어.

- **열정** | 열정의 불길은 맹목적이기보다 잘 통제되어 있고, 무언가를 위한 의도적인 집중이 잘 이루어져 있어요. '열정적인 사람'은 특정한 일에 뜨거운 애정을 가지고 온 마음을 기울여 열중하는 사람을 뜻해요. 주어진 일에 열성을 다하는 목표 지향적인 사람인 거지요.
  - 예) 그 배우는 새로 맡은 역할에 남다른 열정을 보였어요.

더 알아보기 — 정열과 열정이 동의어로 쓰이는 경우!

정열과 열정이 **쏟다/바치다/불태우다**와 조합을 이루는 경우, 두 단어는 사실상 동의어에 가까워요. "유민이는 팬 사인회 응모에 정열을 쏟았다."와 "유민이는 팬 사인회 응모에 열정을 쏟았다." 사이의 의미 차이를 발견하기는 어렵지요. 정열이 내부에 간직한 에너지고, 열정은 목표를 향해 동기화된 에너지기는 하지만, **쏟다/바치다/불태우다**와 같은 동사와 만나면 의미가 동일해져요.

소리 없는 상태
정적과 적막

정적과 적막은 고요함 속에 깃든 긴장이나 불안 또는 쓸쓸함을 뜻해요.

한 끗 차이 — 어떤 상태인가?

- **정적** | 정적은 쓸쓸함보다는 긴장이나 불안 등의 상태가 담긴 경우가 많아요. "일촉즉발의 위기 속 국경 지대에는 무거운 정적이 감돌았다."라는 문장을 보세요. 두 나라가 극도의 대립 상태로 치달아 전쟁이 언제 터질지 모르는 상황에 있을 때 국경에는 정적이 감돌아요. 이때의 정적은 긴장감을 품고 있지요.
  - 예) 내가 버럭 소리를 지르자, 순간 교실에 정적이 흘렀어요.

- **적막** | 적막은 쓸쓸한 상태를 나타내요. "아이들이 모두 떠난 놀이터에는 적막만 가득했다."라는 문장에서 글쓴이는 아이들의 활기찬 웃음소리를 잃어버린 놀이터에 적막이 가득하다고 여겼어요. 이때의 적막은 고요함과 쓸쓸함을 나타내요.
  - 예) 엄마, 아빠가 없는 집에는 적막만 가득했어요.

더 알아보기 — 조용하다와 고요하다의 차이

소리 없는 상태를 나타내는 '조용하다'와 '고요하다'는 '적막'과 '정적'처럼 미묘한 차이점이 있어요. '조용하다'는 소리 없는 상태만을 가리키는 것이 아니라, 시끄럽지 않고 귀에 거슬리지 않다면 약간의 소리가 들리는 상태도 가리킬 수 있어요. 하지만 '고요하다'는 아무 소리도 없는 상태를 가리켜요. 그래서 '조용한 음악'은 말이 되지만, '고요한 음악'은 말이 되기 어려워요.

훌~륭하십니다!
존경과 존중

어떤 사람을 훌륭하다고 생각해 본받고자 하는 것 혹은
어떤 대상을 높여 귀중하게 여기는 것을 존경 혹은 존중이라고 말해요.

한 끗 차이 — 대상의 인격이 반드시 훌륭해야 하는가?

- **존경** | 존경은 어떤 사람을 훌륭하다고 여기어 그를 따르거나 닮으려고 하는 것을 가리켜요. 누군가를 존경하려면 상대의 인품에 대한 감동이 있어야 해요. 아무리 사회적으로 크게 성공한 사람이라도 도덕적으로 문제가 많다면 존경받기 어려워요. 본받고 싶을 만큼 인품이 훌륭할 경우에 누군가를 존경하는 마음이 생기는 거예요.
  - 예) 제가 가장 존경하는 사람은 우리 부모님이에요.

- **존중** | 존중의 대상은 반드시 인격적으로 훌륭할 필요는 없어요. 타인을 지위나 성별, 연령으로 가리지 않고 자기와 동등한 인격을 가진 사람으로 대하는 것이 존중이지요. 상대를 무시하거나 얕잡아 보지 않는 거예요. 또한 '존경하다'와 달리, '존중하다'의 목적어는 사람이 아닐 수도 있어요. 의견이나 생각, 입장을 존중할 수도 있지요.
  - 예) 제발 제 의견도 존중해 주세요.

더 알아보기 — 공경은 뭔가요?

공경은 예를 갖추어 윗사람을 받드는 것을 가리켜요. 상대가 반드시 인격적으로 훌륭할 필요가 없다는 점에서 존경과 구별되고, 반드시 윗사람이어야 한다는 점에서 존중과도 구별돼요.
- 예) 노인을 공경하는 것은 인간의 도리다.

오늘은 내가 스승 역할이니 다들 나를 공경하라고! 엣헴!

마음의 양식을 채우다!
책과 도서

글이 인쇄된 수십(혹은 수백, 수천) 페이지의 종이가 표지와 함께 묶인 물건을 책 또는 도서라고 해요.

한 끗 차이 — '읽다'와 짝을 이룰 수 있는가?

- **책** | 책은 '읽다'라는 동사와 뗄 수 없는 관계예요. 읽을 수 없거나 읽지 않을 책은 책으로서 쓸모없어요. 책을 읽는다는 것은 타인의 생각과 삶을 읽는 일이고 자신의 좁은 세계를 넘어서는 일이에요. 아주 경이롭고도 즐거운 경험이지요.
  - 예) 나 어제 진짜 재밌는 책 읽었어!

- **도서** | 도서는 책의 유의어지만, '읽다'와 짝을 이루는 게 어색해요. 책이 일상적으로 널리 쓰이는 말인 데 비해 도서는 제한적으로 쓰이는 말이라서 그래요. 도서는 도서관, 서점 그리고 출판과 교육 영역에서 주로 사용하는 용어예요.
  - 예) 서점에서 이 달의 추천 도서를 발표했어.

더 알아보기 — 책자는 뭔가요?

책자는 어떤 목적, 특히 어떤 정보나 내용을 널리 알리고자 하는 목적을 가지고 만든 책을 이르는 말이에요. '홍보 책자, 여행 안내 책자, 상품 소개 책자' 등으로 쓰이지요. 얇고 작은 형태일 때가 많아요.

얘들아! 우리가 학교 안내 책자를 만들어 봤어!

나 안 해!
체념과 단념

체념과 단념은 하고자 했던 일을 어쩔 수 없이 하지 않기로 마음을 바꾸는 것을 뜻해요.

한 끗 차이 — 욕망을 내려놓을 때 시간이 길게 필요한가?

- **체념** | 체념은 욕망을 내려놓기까지 긴 시간을 필요로 해요. 오랫동안 간절히 품어 왔던 꿈을 단숨에 떨쳐 버릴 수는 없어요. 상실의 아픔을 견디는 인내의 시간이 필요하지요. 그 시간을 견디고 나서야 서서히 욕망에서 벗어나 체념에 다다를 수 있어요.
  - 예) 연이어 오디션에서 탈락하자 오래 품어 왔던 꿈을 체념해야 하나 고민이 되었어요.

- **단념** | 단념은 하려던 일을 하지 않기로 마음먹는 것을 가리켜요. 즉, 어떤 일에 대한 생각을 그만두는 것이에요. 욕망을 내려놓기까지 긴 시간은 필요하지 않아요.
  - 예) 왠지 차일 것 같아서, 고백하려던 생각을 재빨리 단념했어.

더 알아보기 — 포기는 뭔가요?

포기는 하던 일이나 하고자 했던 일을 하지 않는 거예요. 단념이 생각을 그만두는 것이라면 포기는 행동을 그만두는 것이지요.

> 사장님의 사업 포기로 인해 회사는 막대한 피해를 입었다.
>
> 국적을 포기하는 건 쉽지 않다.

위 예문에서의 '사업 포기'는 사업을 그만두겠다고 마음만 먹는 게 아니라 실제로 사업을 그만두는 거예요. 실제 행동인 거지요. '국적 포기'도 마찬가지로 실현된 행위를 뜻한답니다.

느낌이 와~ 단번에 느껴져!
촉감과 감촉

물체에 접촉했을 때 피부가 실제로 느끼는 감각을
촉감 또는 감촉이라고 해요.

한 끗 차이 — 감각이 능동적인가, 수동적인가?

- **촉감** | 촉감은 어떤 물체를 피부에 접촉하여 느낌을 가지게 되는 일을 가리켜요. 감각의 능동성과 의도성을 가지고 있지요. 의도적으로 무엇인가를 만져 보고 그 느낌이 어떤지를 분별하는 것이 촉감이에요.
  - 예) 한번 만져 보세요. 촉감이 달라요.

- **감촉** | 감촉은 어떤 물체가 피부에 닿는 것을 느끼는 일을 가리켜요. 감각에 수동성과 비의도성을 가지고 있어요. 단지 무엇인가에 대한 느낌을 인지하는 것을 감촉이라고 하지요.
  - 예) 뺨을 스치는 바람의 감촉이 상쾌해요.

더 알아보기 — 촉각은 뭔가요?

촉각은 감각을 느끼는 피부의 기능이에요. 시각, 청각, 후각, 미각과 함께 인간의 오감 중 하나예요. 촉각은 온몸으로 느낄 수 있어요. 부드러움, 딱딱함, 뜨거움, 차가움, 따가움, 쓰라림 등 몸의 모든 부위에서 느낄 수 있답니다.

앗 차가워! 촉각은 피부로 느껴지는구나.

그거 아주 잘못된 생각이야!
편견과 선입견

편견과 선입견은 어느 한쪽으로 치우쳐 공정하지 못한 생각 혹은 견해를 말해요.

한 끗 차이 — 어떻게 판단한 것인가?

- **편견** | 편견이란 한마디로 치우친 생각이에요. 이전에 잘못 굳어진 생각 때문에 공정하지 못하게 판단하는 거예요. 이 같은 생각은 흔히 대상에 대한 부정적인 평가를 동반해요.
  - 예) 남자는 울지 않는다는 편견을 버려!

- **선입견** | 선입견은 특정 사물에 대해 미리 어떠할 것이라고 판단하는 생각이나 견해를 가리켜요. 대상을 대하기도 전에 미리 판단하는 것을 뜻해요.
  - 예) 영화평을 미리 읽으면 거기서 비롯된 선입견 때문에 영화 감상을 그르칠 수 있어.

더 알아보기 — 고정 관념은 뭔가요?

고정 관념은 오래전부터 굳어져 바뀌기 어려운 생각을 가리켜요. 사물을 단순화하고 유형화하는 판단 작용이기도 하지요. 사물을 대하기도 전에 미리 판단하는 측면이 있다는 점에서는 선입견과 유사하고, 사물을 공정하지 못하게 판단하는 측면이 있다는 점에서 편견과도 유사해요.

예전에는 여자아이는 분홍색과, 남자아이는 파란색과 어울린다는 고정 관념이 있었어요. 하지만 내가 좋아하고 나와 잘 어울리는 색의 옷을 입으면 된다는 것! 고정 관념 타파!

해야, 이리 와 봐!
햇빛과 햇살

햇빛과 햇살은 모두 해의 빛과 기운을 뜻해요.

한 끗 차이 — 감성 한 방울?

- **햇빛** | 햇빛은 <u>중립적인 단어</u>예요. 그래서 객관적이고 설명적인 글에서 주로 쓰이지요. "식물의 잎은 햇빛을 이용하여 에너지를 만든다."와 같은 글에서 쓰여요.
  - 예) 너무 강한 <u>햇빛</u> 아래 장시간 있으면 머리가 아플 수 있어요.

- **햇살** | 햇살은 <u>감성을 담은 단어</u>예요. "햇살에 반짝이는 물줄기 속으로 아버지의 옛 모습이 떠올랐다."(김원일, 『노을』, 1997)와 같이 서정적인 글에서 쓰인답니다.
  - 예) <u>햇살</u> 아래 반짝이는 아이들의 환한 미소가 너무 예뻐요.

더 알아보기 — 햇볕은 뭔가요?

햇볕은 해의 따뜻하거나 뜨거운 기운이에요. 해의 온기나 열기를 강조하는 문장에서 자주 쓰여요. 햇빛과 부분적으로 교체되어 쓰일 수도 있어요.

- 예) 따뜻한 <u>햇볕</u>에 빨래를 말리다.
  봄 <u>햇볕</u>이 따뜻하다.

우와~ 햇볕이 따뜻해서 이불이 뽀송뽀송하게 마르겠다!

무엇인가를 하다!
행동과 행위

행동과 행위는 목적과 의도 또는 의지를 가지고 행하는 짓이나 언행을 말해요.

한끗차이 — 눈에 보이는 동작인가?

- **행동** | 행동은 일차적으로 사람이나 동물이 어떤 자극에 반응하여 반사적·본능적으로 몸을 움직이는 것을 가리켜요. 갓 태어난 강아지가 어미 개의 젖을 먹는 일 등이 일차적 의미의 행동이라고 할 수 있어요. 고차적으로는 어떤 목적과 의도를 가지고 지능을 이용하여 몸을 움직이는 일이고요. 행동은 눈에 보이는 동작인 경우와 어울려요.

  예) 남의 물건을 훔치는 것은 나쁜 행동이에요.

- **행위** | 행위는 의지를 가지고 행하는 인간 특유의 활동이에요. 하지만 행동과 달리 눈에 보이지 않는 마음 작용에 더 잘 어울리는 단어예요.

  예) 나쁜 마음을 먹는 건 좋지 않은 행위예요.

더 알아보기 — 독립하지 못하는 '행위'

행동은 독립적으로 쓰이는 데 반해, 행위는 독립성이 없어요. 그래서 항상 앞에 따라오는 명사나 관형어가 필요해요.

행위
- 범죄 행위
- 보복 행위
- 불법 행위
- 폭력 행위
- 가해하는 행위
- 기만하는 행위

삶에서 오는 좋은 것
행복과 복

행복과 복은 누구나 바라는 좋은 것이에요. 즐겁거나 기뻐서 삶이 만족스럽다고 느끼는 상태 또는 삶에서 누리는 좋은 운수를 뜻하지요.

한끗 차이 — 주관적 감정인가, 객관적 현상인가?

- **행복** | 행복은 <u>주관적인 감정</u>이에요. 즐겁거나 기뻐서 삶이 만족스럽다고 느끼는 상태를 가리키지요. 주관적 감정 상태이므로 그 느낌에 젖거나 도취할 수 있어요.
  - 예) 나는 지금 달콤한 <u>행복</u>에 젖어 있어.

- **복** | 복은 <u>객관적 현상</u>이에요. 삶에서 누리는 좋은 운수를 가리키지요. 삶을 풍요롭고 활기차게 해 주는 상서로운 힘이에요. 누군가 몸이 아주 건강하다면 건강 복을 타고난 것이고, 재물을 많이 가지고 있다면 재물 복을 타고난 거지요.
  - 예) 새해 <u>복</u> 많이 받으세요!

더 알아보기 — 복은 주어지는 것!

행복이 마음먹기에 따라 얻을 수도 잃을 수도 있는 것이라면, 복은 초월적 존재나 힘에 의해 주어지는 것이에요. 복은 행복과 달리 자기 의지로 선택할 수도, 뭔가를 내려놓음으로써 얻을 수도 없어요. 보이지 않는 불가사의한 힘에 의해 주어질 뿐이랍니다.

헤엄과 수영

어푸어푸

헤엄과 수영은 팔다리나 지느러미 혹은 몸통을 움직여 나아가는 일을 의미해요.

한 끗 차이 — 동물에 대해 사용할 수 있는가?

- **헤엄** | 헤엄이란 사람이나 동물 등이 물에 몸이 뜬 상태에서 팔다리를 좌우나 상하, 앞뒤로 움직여 나아가는 일을 가리켜요. 헤엄의 진정한 고수는 강이나 호수, 바다에 사는 수중 동물이지요.
  - 예) 연못에서 잉어가 유유히 헤엄치고 있어요.

- **수영** | 수영은 사람이 스포츠나 놀이로서, 또는 건강 증진을 위해 일정한 방법으로 물속에서 헤엄치는 일을 가리켜요. 수영은 사람 이외의 동물에 대해 사용하기 어려워요. 사람만이 여가 활동으로 즐기거나, 스포츠로 실력을 겨루거나, 체력을 단련하기 위해 수영을 할 수 있는 거예요. 인간만의 문화 활동인 거지요. 또 연습과 학습을 거쳐야만 습득할 수 있는 기술이에요.
  - 예) 우리 같이 수영장 갈래?

더 알아보기 — 유영은 뭔가요?

유영은 사람이나 동물이 물속에서 이리저리 헤엄치는 것을 가리키는 말이에요. 우주인이 헤엄치듯 무중력의 공간을 이동하거나 높은 산에서 낙하산을 타고 새처럼 활공하는 것도 유영이라고 해요.

예) 우주인이 달나라를 유영하는 모습이 TV로 중계되었다.

우니는 유영 중~

찾아보기

ㄱ
가면 • 14
간섭 • 16
감사하다 • 18
감정 • 20
감촉 • 106
거만 • 22
걱정 • 24
격언 • 76
겸손 • 26
겸허 • 26
경험 • 28
고독 • 30
고맙다 • 18
공감 • 50
공부 • 32
공상 • 72
공중 • 34
공허하다 • 36
관광 • 86
구별 • 38
구분 • 38

근심 • 24
기구 • 40
기억 • 42

ㄴ
노동 • 46

ㄷ
단념 • 104
도구 • 40
도덕 • 48
도서 • 102
동감 • 50

ㅁ
마법 • 52
마술 • 52
만개 • 54
만발 • 54
모습 • 56
모양 • 56
몰두 • 58

몰입 • 58
무식 • 60
무지 • 60
문명 • 62
문화 • 62
물건 • 64
물체 • 64

ㅂ
발달 • 66
발전 • 66
범법 • 68
복 • 114
복면 • 14
불법 • 68

ㅅ
사실 • 70
상상 • 72
선입견 • 108
세계 • 74
세상 • 74

속담 • 76
솔직 • 78
수영 • 116
시기 • 80
실수 • 82
실패 • 82

ㅇ

여행 • 86
열정 • 96
예의 • 88
예절 • 88
오만 • 22
외로움 • 30
원인 • 90
윤리 • 48
이유 • 90
일 • 46

ㅈ

자존감 • 92
자존심 • 92

적막 • 98
전쟁 • 94
전투 • 94
정서 • 20
정열 • 96
정적 • 98
정직 • 78
존경 • 100
존중 • 100
진실 • 70
질투 • 80

ㅊ

참견 • 16
책 • 102
체념 • 104
체험 • 28
촉감 • 106
추억 • 42

ㅍ

편견 • 108

ㅎ

학습 • 32
햇빛 • 110
햇살 • 110
행동 • 112
행복 • 114
행위 • 112
허공 • 34
허전하다 • 36
헤엄 • 116

가나다순으로 정리되어 있어!

©안한솔

글쓴이 안상순

30년 넘도록 사전을 만들었어요.
모든 말은 소중한 우리말 자원이자 한 시대의 문화와 사유가 응축된 결과물이라고 생각해요. 가능한 많은 어휘를 채집하고자 노력했고 방치된 말을 부지런히 찾아 풀이를 붙였어요. 그럼에도 사전 편찬은 영원히 끝나지 않는 미완성의 작업이라고 느껴요. 금성출판사 사전팀장으로 일하며 1989년 국어연구소(현 국립국어원)의 어문 규정 개정 후 그 내용을 바로 반영해 출간한 『금성판 국어대사전』(1991)의 총괄책임을 맡았고, 이후 『표준국어대사전』 정보 보완 심의 위원, 국립국어원 말다듬기 위원, 문화체육관광부 국어 심의회 위원 등으로 활동했어요. 『데스크국어사전』, 『뉴에이스국어사전』, 『콘사이스국어사전』, 『뉴에이스문장사전』 등의 편찬에 참여했고, 『우리말 어감사전』(2021, 유유)을 집필했어요.

그린이 최정미

마음을 전달할 수 있는 그림을 그리고 싶은 일러스트레이터입니다. 홍익대학교 시각디자인과를 졸업했어요. 2년간의 회사 생활 후 프리랜서로 교과서 및 다양한 매체에 그림을 그리고 있으며 최근에는 카카오 이모티콘에 '최집사'라는 작가명으로 활동하고 있어요. 『중학생활백서』, 『나에게 말 걸기』, 『안 돼, 뿡야야.』 등의 책에 그림 작업을 했어요.
E-mail: isntlate@naver.com